U0326820

中华人民共和国行业推荐性标准

# 公路跨海通道工程地质勘察规程

## Specifications for Geological Investigation of Sea-crossing Highway Engineering

**JTG/T 3221-04—2022**

主编单位：港珠澳大桥管理局
批准部门：中华人民共和国交通运输部
实施日期：2022 年 11 月 01 日

人民交通出版社股份有限公司
北 京

**图书在版编目（CIP）数据**

公路跨海通道工程地质勘察规程 ：JTG/T 3221-04—2022 / 港珠澳大桥管理局主编. — 北京 ：人民交通出版社股份有限公司, 2022. 7

ISBN 978-7-114-18076-7

Ⅰ. ①公… Ⅱ. ①港… Ⅲ. ①公路桥—跨海峡桥—隧道工程—工程地质勘察—技术操作规程—中国 Ⅳ. ①U448. 19-65

中国版本图书馆 CIP 数据核字（2022）第 115097 号

**标准类型：** 中华人民共和国行业推荐性标准
**标准名称：** 公路跨海通道工程地质勘察规程
**标准编号：** JTG/T 3221-04—2022
**主编单位：** 港珠澳大桥管理局
**责任编辑：** 丁 遥
**责任校对：** 赵媛媛
**责任印制：** 刘高彤
**出版发行：** 人民交通出版社股份有限公司
**地　　址：** (100011) 北京市朝阳区安定门外外馆斜街 3 号
**网　　址：** http://www.ccpcl.com.cn
**销售电话：** (010) 59757973
**总 经 销：** 人民交通出版社股份有限公司发行部
**经　　销：** 各地新华书店
**印　　刷：** 北京市密东印刷有限公司
**开　　本：** 880 × 1230 1/16
**印　　张：** 7
**字　　数：** 157 千
**版　　次：** 2022 年 7 月 第 1 版
**印　　次：** 2022 年 7 月 第 1 次印刷
**书　　号：** ISBN 978-7-114-18076-7
**定　　价：** 70.00 元
(有印刷、装订质量问题的图书由本公司负责调换)

# 中华人民共和国交通运输部

# 公　　告

第 37 号

## 交通运输部关于发布《公路跨海通道工程地质勘察规程》的公告

现发布《公路跨海通道工程地质勘察规程》(JTG/T 3221-04—2022)，作为公路工程行业推荐性标准，自 2022 年 11 月 1 日起施行。

《公路跨海通道工程地质勘察规程》(JTG/T 3221-04—2022) 的管理权和解释权归交通运输部，日常解释和管理工作由主编单位港珠澳大桥管理局负责。

请各有关单位注意在实践中总结经验，及时将发现的问题和修改建议函告港珠澳大桥管理局（地址：广东省珠海市香洲区南屏镇横龙路 368 号，邮政编码：519060)，以便修订时研用。

特此公告。

中华人民共和国交通运输部

2022 年 6 月 28 日

交通运输部办公厅　　2022 年 7 月 4 日印发

# 前　言

根据《交通运输部关于下达2020年度公路工程行业标准制修订项目计划的通知》（交公路函〔2020〕471号）的要求，由港珠澳大桥管理局作为主编单位承担《公路跨海通道工程地质勘察规程》的制定工作。

本规程编制的指导思想是：从我国当前和今后一段时间内公路建设的实际需要出发，认真总结公路跨海通道实践经验，广泛吸纳最新科研成果，研究和借鉴国内外先进标准和技术，继承与创新相结合，使规程做到技术先进、指标合理，能够体现跨海通道工程勘察技术水平。

本规程共9章和14个附录，分别是：1 总则，2 术语和符号，3 基本规定，4 预可勘察与工可勘察，5 初步勘察，6 详细勘察，7 施工勘察，8 不良地质，9 特殊性岩土，附录A 海床式静力触探试验要点，附录B 海域固定式静力触探试验要点，附录C 海域旁压试验要点，附录D 海域扁铲侧胀试验要点，附录E 海域十字板剪切试验要点，附录F 标准贯入试验确定地基承载力特征值，附录G 动力触探试验确定地基承载力特征值，附录H 静力触探试验成果估算单桩承载力，附录J 孔压静力触探试验成果应用，附录K 水文地质试验参数及涌水量计算，附录L 基床系数经验值，附录M 疏浚土、石工程分级，附录N 海域隧道场地条件复杂程度分级，附录P 静力触探法判定砂土液化。

本规程由苏权科负责起草第1章，余颂、李书亮负责起草第2章，苏权科、景强、余颂、王风波负责起草第3章，朱冬林、项后军负责起草第4章，余颂、杜宇、王风波、闫禹负责起草第5章，项后军、景强、祝刘文、王风波、李书亮负责起草第6章，景强、杜宇负责起草第7章，李爱国、祝刘文、杜宇负责起草第8章，朱冬林、王风波、杨永波负责起草第9章，杜宇负责起草附录A，杨永波负责起草附录B、附录C、附录D、附录E，余颂负责起草附录F、附录G、附录H，杜宇负责起草附录J，杨永波负责起草附录K，王风波负责起草附录L，杜宇负责起草附录M，王风波负责起草附录N，余颂负责起草附录P。

请各有关单位在执行过程中，将发现的问题和意见，函告本规程日常管理组，联系人：景强（地址：广东省珠海市香洲区南屏镇横龙路368号，邮编：519060；电话：0756-2191980，传真：0756-3292000；电子邮箱：jq@hzmbo.com），以便修订时参考。

**主 编 单 位**：港珠澳大桥管理局

**参 编 单 位**：中铁大桥勘测设计院集团有限公司

中交第四航务工程勘察设计院有限公司

中铁第六勘察设计院集团有限公司
中交第二公路勘察设计研究院有限公司
深圳市勘察测绘院（集团）有限公司

**主　　编：** 苏权科

**主要参编人员：** 余　颂　景　强　项后军　杜　宇　王风波　朱冬林　李书亮　闫　禹　祝刘文　李爱国　杨永波

**主　　审：** 陈银生

**参与审查人员：** 王　太　于　光　陈　冉　余　波　邵长宇　程新生　蒋良文　徐　超　李水清　朱根桥　廖先斌　马　骉　方明山　陈　红　黄　俊　张志新　文　锋　李学文　刘正银　刘亚洲

**参 加 人 员：** 刘建平　李兆龙　麦权想　张国超　佘　红　彭登峰

# 目　次

# 1 总则

**1.0.1** 为统一公路跨海通道工程地质勘察技术要求，提高工程地质勘察质量，制定本规程。

**1.0.2** 本规程适用于公路跨海通道桥梁、隧道、人工岛、临时工程及料场等工程的地质勘察。

**1.0.3** 公路跨海通道工程应遵照公路建设基本程序要求分阶段开展地质勘察工作。

**1.0.4** 公路跨海通道工程地质勘察应积极应用成熟可靠的新方法、新设备、新技术和新工艺。

**1.0.5** 公路跨海通道工程地质勘察除应符合本规程的规定外，尚应符合国家和行业现行有关标准的规定。

# 2 术语和符号

## 2.1 术语

**2.1.1** 公路跨海通道工程 sea-crossing highway engineering

以桥梁、隧道或桥梁、隧道及人工岛相结合方式通过海域的公路工程。

**2.1.2** 人工岛 artificial island

为实现桥梁与隧道衔接，在海床上由人工填筑形成的离岸陆域。

**2.1.3** 临时工程 temporary work

为主体工程建设而建造的预制厂、码头、航道等临时设施。

**2.1.4** 基床系数 coefficient of subgrade reaction

在外力作用下，单位面积岩土体产生单位变形时所需的压力，按照岩土体受力方向分为水平基床系数和竖向基床系数。

**2.1.5** 不良地质 unfavorable geological condition

由各种地质作用或人类活动造成的对工程可能产生危害的地质现象的总称。

**2.1.6** 特殊性岩土 special rock and soil

具有特殊物质成分、结构和工程特性的岩土的统称。

**2.1.7** 海域原位测试 in-situ test in the sea

为研究海底岩土体的工程特性开展的原位测试工作。

**2.1.8** 有害气体 harmful gas

地层中储存或逸出（冒出）的对人体或工程会造成危害的气体的统称。

**2.1.9** 耐磨性 abrasion resistance

岩石耐磨损的能力。

**2.1.10** 比热容 specific heat capacity

单位质量的某种物质升高单位温度所需的热量。

**2.1.11** 导热系数 thermal conductivity

在稳定传热条件下，1m 厚的地层，两侧表面温差为 1℃时，在一定时间内，通过 $1m^2$ 面积传递的热量。

**2.1.12** 导温系数 thermal diffusivity

地层的导热系数与其比热容和密度乘积的比值。表征地层在温度变化时，各部分温度趋于一致的能力，也称热扩散系数。

**2.1.13** 融沉系数 thaw-settlement coefficient

冻土融化过程中，在自重压力作用下产生的相对下沉量。

**2.1.14** 冻胀率 frost heaving ratio

总冻胀量与冻结深度的比值。

**2.1.15** 放射性 radioactivity

元素从不稳定的原子核自发地放出射线的现象。

**2.1.16** 岛壁结构 revetment of artificial island

形成人工岛围闭结构的水工建筑物，可分为斜坡式岛壁、直立式岛壁、混合式岛壁。

**2.1.17** 混合土 fabricated soil

由细粒土和粗粒土混杂且缺乏中间粒径的土，可分为粗粒混合土和细粒混合土。

## 2.2 符号

**2.2.1** 岩土的物理指标

$C_c$——曲率系数或压缩指数；

$C_u$——不均匀系数；

$D_r$——相对密度；

$I_L$——液性指数；

$Q_l$——烧灼减量；

$W_u$——有机质含量；

$w$——含水率；

$w_a$——吸水率；
$w_P$——塑限；
$w_L$——液限；
$\gamma$——重力密度（重度）；
$\gamma_{sat}$——饱和重力密度（饱和重度）；
$\rho$——质量密度（密度）。

**2.2.2** 岩土的力学指标

$a$——压缩系数；
$C_s$——回弹指数；
$c$——直剪黏聚力；
$c_{cu}$——三轴固结不排水剪黏聚力；
$c_{uu}$——三轴不固结不排水剪黏聚力；
$E$——弹性模量；
$E_s$——压缩模量；
$F$——附着力；
$f_{a0}$——地基承载力特征值；
$G_0$——小应变动剪切模量；
$k_0$——静止侧压力系数；
$OCR$——超固结比；
$p_c$——前期固结压力；
$Q_u$——桩的极限荷载值；
$q_{cp}$——桩底端阻力；
$q_u$——无侧限抗压强度；
$R_c$——岩石单轴饱和抗压强度；
$R_t$——岩石抗拉强度；
$S_t$——灵敏度；
$\mu$——泊松比；
$\sigma_{v0}$——总上覆应力；
$\tau$——抗剪强度；
$\varphi$——直剪内摩擦角；
$\varphi'$——有效内摩擦角；
$\varphi_{cu}$——三轴固结不排水剪内摩擦角；
$\varphi_{uu}$——三轴不固结不排水剪内摩擦角。

**2.2.3** 岩土的测试参数

$F_r$——归一化摩阻比；

$f_s$——侧壁摩阻力；
$K$——基床系数；
$K_h$——水平基床系数；
$K_v$——竖向基床系数；
$N$——标准贯入试验锤击数；
$N_{10}$——轻型圆锥动力触探锤击数；
$N_{63.5}$——重型圆锥动力触探锤击数；
$p_s$——单桥静力触探比贯入阻力；
$p'_s$——单桥静力触探液化临界贯入阻力；
$p_{sca}$——单桥静力触探实测计算贯入阻力；
$Q_t$——归一化锥尖阻力；
$q_c$——锥尖阻力；
$q'_c$——双桥静力触探液化临界贯入阻力；
$q_{cca}$——双桥静力触探实测计算贯入阻力；
$q_n$——净锥尖阻力；
$q_t$——经孔压修正的锥尖阻力；
$R_f$——摩阻比；
$S_u$——不排水抗剪强度；
$u_2$——孔隙水压力；
$v_p$——岩土纵波（压缩波）波速；
$v_s$——岩土横波（剪切波）波速。

**2.2.4** 其他符号

$C_h$——水平固结系数；
$C_v$——垂直固结系数；
$C_\alpha$——次固结系数；
$DG$——密实判数；
$I_c$——土类指数；
$I_r$——刚度指数；
$k$——渗透系数；
$Q$——涌水量（出水量）；
$R$——影响半径。

# 3 基本规定

## 3.1 一般规定

**3.1.1** 公路跨海通道工程地质勘察宜分为预可行性研究阶段工程地质勘察（简称预可勘察）、工程可行性研究阶段工程地质勘察（简称工可勘察）、初步设计阶段工程地质勘察（简称初步勘察或初勘）、施工图设计阶段工程地质勘察（简称详细勘察或详勘）、施工阶段工程地质勘察（简称施工勘察）五个阶段。

**条文说明**

公路跨海通道工程建设规模大，技术复杂，地质信息大多被水体覆盖，受现场条件和技术手段的限制，对地质问题的认识存在局限，在跨海通道工程建设过程中结合施工工法、工艺开展针对性的地质工作，有利于动态设计、信息化施工，使工程设计符合现场实际，能够解决复杂的地质问题，控制施工风险。总结以往工程经验，本条增加了施工勘察阶段。

港珠澳大桥沉管隧道段揭示有深厚海相沉积软土层，最大厚度达25m，施工勘察阶段采用孔压静力触探、钻探、模拟施工工序应力状态室内试验相结合的方法，为沉管下沉和精准对接提供了地质依据，同时满足了施工风险控制的需求；大连地铁5号线跨海段大直径盾构隧道位于灰岩区，岩溶形态非常复杂，施工勘察采用跨孔CT方法，进一步查明了岩溶分布规律，为合理制订岩溶处理方案提供了支撑；厦门地铁2号线跨海段盾构隧道位于花岗岩分布区，施工勘察阶段针对“孤石群”“基岩凸起”加密了钻孔，查清了其分布情况，为施工预处理提供了依据。

**3.1.2** 公路跨海通道工程地质勘察范围、内容和工作量应与勘察阶段相适应，勘察成果应满足设计、施工要求。

**3.1.3** 公路跨海通道工程地质勘察应结合工程结构类型、现场地形地质条件以及不同勘察手段的适用性等，综合确定勘察方法和勘察工作量。

**3.1.4** 公路跨海通道工程地质勘察应根据海域环境、勘探深度等选择作业平台和设备；应建立健全质量保证体系和HSE管理体系，制订勘察作业安全保障方案，加强过程控制。

**条文说明**

对职业健康、安全和环境采取的一体化管理措施，简称HSE管理体系。

**3.1.5** 原始记录应内容完整、数据真实、签署齐全，并应具备可追溯性。

**条文说明**

原始记录一般包括纸质和电子影像等资料。

**3.1.6** 对于复杂地质问题或有特殊要求的工程，应开展专项勘察或专题研究。

**3.1.7** 公路跨海通道工程地质勘察除应符合本规程的规定外，尚应符合现行《公路工程地质勘察规范》（JTG C20）的有关规定。

## 3.2 勘察大纲

**3.2.1** 在开展工程地质勘察之前，应在收集、分析既有资料和现场踏勘的基础上，依据规范规程、技术要求、工程方案、地质条件和勘察施工条件等编制勘察大纲。

**条文说明**

公路跨海通道规模大，勘察技术要求高，勘察作业难度大，编制勘察大纲并通过审批，有利于勘察工作的顺利推进，使得勘察手段更有针对性。在港珠澳大桥、厦门东通道等多个项目中，勘察大纲由专家审查、建设单位审批，取得了较好的实施效果。

**3.2.2** 勘察大纲应包括下列内容：

1 工程概况：阐述任务依据、建设规模和标准、路线走向、工程结构设置、收集的资料和前期已做过的地质工作。

2 勘察目的和任务。

3 勘察执行的技术标准。

4 自然地理和工程地质概况：阐述沿线地形地貌、气象、水文、海域海况、地震历史、地层岩性、地质构造、水文地质、不良地质和特殊性岩土的分布与发育情况，以及可能影响线位或工程结构设置的重大或关键性地质问题等。

5 勘察原则、内容和技术要求：针对桥梁、隧道、人工岛等不同构筑物类型、基础形式或工法特点等逐一进行说明。

6 勘察实施方案：阐述勘察方法和精度、勘察工作量，以及针对重大或关键性地质问题采取的勘察对策、措施和需要开展的专题研究等；海域应说明水上定位方法、水上作业平台选择与拼装、水上钻探、取样、原位测试、水文地质试验的工作程序与流程等。

7　组织机构、人员组成、设备与仪器配置。

8　进度计划、质量管理及保证措施。

9　HSE 管理体系：阐述 HSE 管理目标、制度、培训教育、安全防护、应急预案、环境保护等。

10　拟提交的成果资料。

11　其他需要说明的问题。

**3.2.3**　当工程方案变化或发现重大地质异常时，应对勘察大纲进行调整。

## 3.3　工程地质调绘

**3.3.1**　工程地质调绘除应包括地形地貌、地层岩性、地质构造、水文地质、不良地质、特殊性岩土等内容外，还应重点调查海域海况、海底地貌、障碍物等。

**3.3.2**　在充分利用海岸、采石场、取土坑、岛礁基岩露头、海陆结合部位等外业调查成果基础上，海域工程地质调绘应以物探追踪为主，结合钻探和原位测试等手段进行。

**3.3.3**　工程地质调绘应采集公路跨海通道的陆域及海域环境水、土样品进行分析，判明环境水、土的腐蚀性。

## 3.4　物探

**3.4.1**　物探应根据公路跨海通道的勘探目的、任务要求，结合工程类型、规模、场地地球物理条件等综合确定探测方法和工作量。

**3.4.2**　海域物探方法可按表 3.4.2 选用。

**表 3.4.2　海域物探方法选用一览表**

<table>
<tr><th colspan="2" rowspan="2">物 探 方 法</th><th colspan="5">适 用 范 围</th></tr>
<tr><th>地层结构</th><th>风化层分带及基岩面</th><th>岩溶、断裂破碎带</th><th>抛石、管线、沉船等水下障碍物</th><th>海底地形</th></tr>
<tr><td colspan="2">声呐法</td><td>−</td><td>−</td><td>−</td><td>+</td><td>+ +</td></tr>
<tr><td rowspan="3">地震法</td><td>反射波法</td><td>+ +</td><td>+ +</td><td>+ +</td><td>+</td><td>+</td></tr>
<tr><td>折射波法</td><td>+</td><td>+ +</td><td>+</td><td>−</td><td>−</td></tr>
<tr><td>地震映像法（浅层剖面）</td><td>+ +</td><td>+ +</td><td>+ +</td><td>+</td><td>+</td></tr>
</table>

续表 3.4.2

| 物探方法 | | 适用范围 | | | | |
|---|---|---|---|---|---|---|
| | | 地层结构 | 风化层分带及基岩面 | 岩溶、断裂破碎带 | 抛石、管线、沉船等水下障碍物 | 海底地形 |
| 电磁法 | 大地电磁法 | + | ++ | ++ | – | – |
| | 瞬变电磁法 | + | ++ | ++ | – | – |
| 磁法 | | – | – | + | ++ | – |

注：++为适用，+为部分适用，–为不适用。

**3.4.3** 物探成果应有钻孔验证。

**3.4.4** 海域物探作业应符合下列规定：

1 船舶应满足作业水域的安全要求。

2 作业船舶不得超载使用。

3 船上应设有救生和通信工具，作业人员应穿好救生衣。

4 作业前应对船舶、设备、电缆、钢缆、保险绳、绞车、吊机等进行检查，确认安装牢固且符合安全作业要求。

5 作业过程中，收、放电缆尾标时应将船速控制在3节以下。

6 遇有危及作业安全的障碍物时，应停止作业并收回水下拖拽设备。

7 遇大风、大雾天气时，应停止作业。

**条文说明**

1 船舶选择一般与作业水域的水深、风浪等因素有关，船舶长度、吨位、功率对作业安全、效率有影响。根据港珠澳大桥、平潭海峡公铁两用大桥等项目勘察经验，海上物探作业船舶的长度一般不小于12m，吨位不小于50t，功率不小于30kW。

**3.4.5** 海域地震波法作业应符合下列规定：

1 应根据作业环境和施测条件选用适用于海上作业的电火花、机械式等非爆破震源。

2 采用电火花震源时，作业人员和设备应配备防漏电保护设施和装备。

3 采用机械式震源时，震源船应无破损和漏水，不得载人作业。

**条文说明**

2 电火花震源会产生瞬间高电压，如发生漏电或操作不当有可能引起火灾、仪器损毁、人员伤亡等重大安全生产事故。

3 采用机械式震源时，作业过程中船体经受连续冲击，可能出现破损、漏水等导致震源船沉没，并导致人身伤亡事故发生。

**3.4.6** 海域磁法作业应符合下列规定：

1 磁力仪应放置在无磁性的船只上，仪器安装完成后，应进行联机测试。

2 工作船应匀速前进，施测期间拖鱼与船体之间的拖缆长度应保持不变。

3 拖缆应采取抗拉、抗磨损措施，发现拖缆变形或破损应停止观测、及时处理；遇恶劣海况时，应立即停止作业。

4 观测中应详细填写班报表，尤其在上线、下线和出现异常情况时，应注明时间和仪器工作情况。

**3.4.7** 公路跨海通道物探工作除应符合本规程的规定外，尚应符合现行《公路工程物探规程》（JTG/T 3222）的有关规定。

## 3.5 钻探

**3.5.1** 钻探应根据公路跨海通道工程的勘探目的、工程类型、任务要求、地质条件、海域环境、环保要求等，综合确定钻孔的位置、数量、深度和孔径。

**3.5.2** 现场作业前应进行踏勘，并应收集气象、水文、航运、水下地形、海底管线、环境保护、生物保护等方面的资料。

**3.5.3** 钻探设备应符合下列规定：

1 设备型号应根据气象、水文、海况、钻孔深度、岩土性质、作业条件等情况综合确定，功率不应小于陆域同等工况下设备的1.5倍。

2 受波浪影响较大的海域，宜采用配备波浪补偿功能的钻探设备。

**条文说明**

1 海域钻探可能会遇到较多的孔内事故或安全隐患。根据多年海域勘察经验，为保证及时、安全处理孔内事故，海域钻探设备的功率一般不小于陆地同样钻探条件的1.5倍。条件允许的情况下，尽量选择功率较大的设备。

**3.5.4** 钻探方法应符合下列规定：

1 应根据岩土性质和勘察技术要求确定钻探方法，粉土、砂土、碎石土、破碎岩层和断裂破碎带应采取泥浆护壁或套管跟进等钻探措施。

2 海域钻孔的保护套管插入土层的长度不宜小于海床以上套管自由段长度的1/2，遇较硬土层时，利用海面相对稳定窗口期，钻进后再继续锤击套管，直到套管稳定为止；陆域钻孔的保护套管插入隔离土层的深度不应小于0.5m；套管规格、垂直度应满足成孔要求，并应确保循环液不会从管靴底及管节接头处流失。

3 断裂破碎带、软弱夹层、破碎岩层钻探宜采用双管或三管取芯钻具。

**3.5.5** 海域钻探应在调查了解施工海域的气象、水文、地形地貌、交通条件等基础上，根据勘探深度、设备类型和总载荷量，因地制宜地选择钻探平台，并应充分考虑其实用性、稳定性和安全性。

**条文说明**

欧美很多大型勘察公司拥有先进的专业钻探船或钻探平台，但设备体积庞大、运维费用高，在狭小场区或潮间带不能满足生产需要；升降式固定平台在外海环境受水深、海床地层等因素影响，有一定局限性；浮动式平台有很好的机动性和安全性，转场方便、效率更高，在技术可行的前提下优先选择；简易排筏机动性强，适用于潮间带、浅水区。

**3.5.6** 浮动式平台锚泊定位应符合下列规定：

1 应选择风浪小的时段实施平台定位，确保孔位准确和人员安全。

2 宜采用卫星定位系统。

3 应考虑潮汐和风浪因素，平台长轴宜逆最大流速方向。

4 锚泊定位应采取多方向锚固定方式。

5 平台锚具不应少于四套，锚绳长度宜大于5倍水深。

6 平台锚固方案应考虑紧急情况下钻船快速、便捷撤离等因素。

**条文说明**

2 使用卫星定位系统进行勘探平台定位方便、快捷，已广泛在工程领域使用，定位精度也能满足海域勘察要求。

4 根据多年来海域勘察经验，海域钻探作业过程中采用多方向锚并调整锚绳的松紧度，有利于浮动平台的稳定。

**3.5.7** 钻孔的平面与高程测量应符合下列规定：

1 应采用实时动态测量技术测定平面位置和高程。

2 钻孔位置、孔口高程及孔深测量，宜在平台晃动较小时进行，并采用多次测量取平均值等方法，同时应考虑涨落潮的影响，减少测量的误差。

3 钻探平台位置固定后，宜在平潮时段插打保护套管，以防平台位置变化造成孔位偏差；在钻探施工完毕后，应对孔位进行复测，钻孔孔口定位误差不应超过1.0m。

4 宜采用悬垂法或测深仪法测定水深，两种方法相互验证，计算出孔口高程，并与水下地形进行对照，高程误差宜控制在0.3m以内。

5　钻探过程中，宜采用固定套管校核水深，准确算出每回次钻进深度，确保取样或原位测试深度精度控制在±0.1m以内。

**条文说明**

3　由于海流会影响保护套管的垂直度，选择在平潮时段设置外层保护套管并测定孔位，有利于提高孔口位置测量的精度。

4　海域钻探孔位测量一般情况下较容易实现，精度也易满足技术要求。受潮汐、流速、波浪等影响，钻探船很难完全稳定，高程测量出现异常情况也较常见，需采用多种方法来减少这种异常情况。海床面孔口高程的测量，一般通过计算得到，即先测量出钻探平台高程，量出平台到海床孔口的深度，两者相减可得出孔口高程。平台面高程一般需多次测量取平均值，并在风浪较小时择机测量，平台到海床的深度采用悬垂法和测深仪法测定，两者相互验证，以减小误差。

5　钻进过程中，钻探船舶会随着潮汐和风浪而上下浮动，所以水深和孔深要经常校核。通常的做法是，通过插打在海床底部的固定套管来进行校核，并且每一回次均需校核。实际工作中，将外层套管一次性插打到足够的深度或较好持力层，有利于防止套管下沉。施钻过程中要留意固定套管是否下沉并经常核查，以防参照点发生位移而导致对水深的误判。

**3.5.8**　海域钻探应符合下列技术要求：

1　应根据现场地形地质条件和勘探目的确定钻机类型、钻探工艺和取样方法。

2　应根据构筑物的类型、规模以及水文地质和工程地质评价的需要确定钻孔深度。

3　应严格控制钻进的回次长度，钻进回次进尺不得大于岩芯管长度。

4　岩芯采取率在完整岩层中不宜小于90%，强风化岩层中不宜小于65%，黏性土层中不宜小于85%，砂类土层中不宜小于65%，破碎岩层、碎石土层中不宜小于50%。断裂破碎带等重点研究孔段宜提高岩芯采取率，且不得遗漏对工程有重要影响的软弱夹层。

5　岩芯应按采集的先后从上到下、从左到右顺序摆放，每钻进回次采集的岩芯应填写岩芯卡片，标明工点名称、钻孔编号、钻进回次编号、岩芯采集的深度等。

6　钻孔直径宜按表3.5.8确定。

**表3.5.8　钻孔直径选用一览表**（mm）

| 作业名称 | 岩土层 | |
|---|---|---|
| | 第四系土类或全风化、强风化岩层 | 中风化、微风化岩层 |
| 采取原状样 | ≥110 | — |
| 采取岩石试样 | — | ≥75 |
| 压、注水试验段 | ≥75 | |

续表 3.5.8

| 作业名称 | 岩土层 | |
|---|---|---|
| | 第四系土类或全风化、强风化岩层 | 中风化、微风化岩层 |
| 孔内测试 | 比下井仪器、探头外径大一级以上 | |
| 鉴别、分层采芯 | ≥33 | |
| 抽水试验 | ≥130 | ≥110 |

7 钻孔记录应按钻进回次填写，应记录地层岩性、地下水位、岩芯采取率、钻进过程中的异常情况、岩石坚硬程度和结构面类型、间距、结合程度等。

**3.5.9** 海域钻探 HSE 管理应符合下列规定：

1 开工前应进行安全和技术培训。

2 应制订紧急避险、恶劣天气等应急预案。

3 应采取海域施工环保措施，执行环境保护规定。

4 施工期间应加强警戒，确保施工安全。

**3.5.10** 海域钻探安全应符合下列规定：

1 应按要求设置通、禁航标志。

2 钻探平台应配备足够的救生艇、救生筏、救生圈及救生衣等。

3 钻探平台应配备黄砂、灭火器、太平斧、消防栓等消防物品及设施。

4 应配备性能优良的交通船及急救药品。

5 外层套管宜设置钢丝保护绳。

6 海床以上不应残留套管或钻具；海床以下有残留时，应书面通知相关部门。

**3.5.11** 海域钻探孔内事故处理应符合下列规定：

1 处理方案应确保人员、设备安全。

2 作业人员应具备足够的专业能力。

3 卡钻和埋钻时应采用护壁性能好的钻进循环液，将堵塞物带出孔底；必要时配合适当的钻机转速、扭矩和泵量对钻具进行松动。

4 钻具打捞宜根据具体情况采用公锥或母锥。

5 无法处理的孔内事故，应详细记录；对遗留孔内的钻具、套管等，应在勘察报告及技术交底中进行说明。

**3.5.12** 钻探资料宜采用信息化手段实时采集、记录、存储。

**3.5.13** 岩芯应逐箱拍摄数码照片，原位测试、水文地质试验、封孔过程等应留有影像资料，典型岩芯应保存至竣工验收结束。

**3.5.14** 隧道工程钻孔、桥隧方案比选钻孔完成后应全孔段封孔。

**条文说明**

地质钻孔很可能形成渗漏通道，需对钻孔进行封孔处理，以避免给隧道施工带来渗水、坍塌等隐患。根据港珠澳大桥岛隧工程、青岛胶州湾海底隧道等工程的封孔经验，采用水灰比1：1的水泥浆由孔底向上灌注全孔段充填，封孔效果较好。

**3.5.15** 公路跨海通道钻探工作除应符合本规程的规定外，尚应符合现行《岩土工程勘察安全标准》（GB/T 50585）的有关规定。

## 3.6 取样与试验

**3.6.1** 土试样质量等级应按表3.6.1划分。

**表3.6.1 土试样质量等级**

| 级别 | 扰动程度 | 试验内容 |
|---|---|---|
| Ⅰ | 不扰动 | 土类定名、含水率、密度、强度试验、固结试验 |
| Ⅱ | 轻微扰动 | 土类定名、含水率、密度 |
| Ⅲ | 显著扰动 | 土类定名、含水率 |
| Ⅳ | 完全扰动 | 土类定名 |

**3.6.2** 不同等级土试样的取样工具和方法宜按表3.6.2选择。

**表3.6.2 不同等级土试样的取样工具和方法**

| 土试样质量等级 | 取样工具及取土方法 | | 适用的岩土类别 | | | | | | | | | | |
|---|---|---|---|---|---|---|---|---|---|---|---|---|---|
| | | | 黏性土 | | | | | 粉土 | 砂土 | | | | 砾砂、碎石土 |
| | | | 流塑 | 软塑 | 可塑 | 硬塑 | 坚硬 | | 粉砂 | 细砂 | 中砂 | 粗砂 | |
| Ⅰ | 薄壁取土器 | 固定活塞 | ＋＋ | ＋＋ | ＋ | － | － | ＋ | ＋ | － | － | － | － |
| | | 敞口 | ＋ | ＋ | ＋ | － | － | ＋ | ＋ | － | － | － | － |
| | 回转取土器 | 单动三重管 | － | ＋ | ＋＋ | ＋＋ | ＋ | ＋＋ | ＋＋ | ＋＋ | － | － | － |
| Ⅱ | 原状取砂器 | | － | － | － | － | － | ＋＋ | ＋＋ | ＋＋ | ＋＋ | ＋＋ | ＋ |
| | 薄壁取土器 | 固定活塞 | ＋＋ | ＋＋ | ＋ | － | － | ＋ | ＋ | － | － | － | － |
| | | 敞口 | ＋＋ | ＋＋ | ＋＋ | － | － | ＋ | ＋ | － | － | － | － |
| | 回转取土器 | 单动三重管 | － | ＋ | ＋＋ | ＋＋ | ＋ | ＋＋ | ＋＋ | ＋＋ | － | － | － |
| | 厚壁取土器 | | ＋ | ＋＋ | ＋＋ | ＋＋ | ＋＋ | ＋ | ＋ | ＋ | ＋ | ＋ | － |

续表 3.6.2

| 土试样质量等级 | 取样工具及取土方法 | 适用的岩土类别 | | | | | | | | | | |
|---|---|---|---|---|---|---|---|---|---|---|---|---|
| | | 黏性土 | | | | | 粉土 | 砂土 | | | | 砾砂、碎石土 |
| | | 流塑 | 软塑 | 可塑 | 硬塑 | 坚硬 | | 粉砂 | 细砂 | 中砂 | 粗砂 | |
| Ⅲ | 厚壁取土器 | + + | + + | + + | + + | + + | + + | + + | + + | + + | + | − |
| | 标准贯入器 | + + | + + | + + | + + | + + | + + | + + | + + | + + | + + | − |
| | 岩芯钻头 | + + | + + | + + | + + | + + | + + | + | + | + | + | + |
| Ⅳ | 标准贯入器 | + + | + + | + + | + + | + + | + + | + + | + + | + + | + + | − |
| | 岩芯钻头 | + + | + + | + + | + + | + + | + + | + + | + + | + + | + + | + + |

注：1. + +为适用；+为部分适用；−为不适用。

2. 薄壁取土器为内径 75～100mm、面积比不大于 10%（内间隙比为 0）或面积比为 10%～13%（内间隙比为 0.5～1.0）的无衬管取土器；厚壁取土器为内径 75～100mm、面积比为 13%～20%的有衬管取土器。

**条文说明**

表 3.6.2 是在《岩土工程勘察规范（2009 年版）》（GB 50021—2001）表 9.4.2 的基础上结合近几年公路跨海通道勘察的经验上制定的。

**3.6.3** 海域勘察取原状样应遵循下列原则：

1 应选用稳定可靠的作业平台，并选择风浪小、钻探平台相对稳定的时段进行。

2 宜缩短取样时间，减少海域环境对取土质量的影响。

3 应注意海水位变化，准确计算取样深度。

**3.6.4** 钻孔中取原状样应符合下列规定：

1 采用套管护壁时，孔内水位不得低于海水位，取样位置应低于套管底端 3 倍孔径的距离。

2 取土前清孔应做到孔壁稳定，不缩孔、不坍塌，孔内干净，孔底残留土厚度不大于取土器废土段的长度，并减少对孔底土层的扰动；在取土位置以上 1m 处，不得采用水冲、冲击、振动等钻进方法清孔。

3 取土器下入孔内临近取样位置时应稳慢落底，防止冲击孔底土层；采取土试样时，宜采用快速静力连续压入法；遇硬土或砂土压入困难时，宜采用厚壁取土器用重锤少击或孔底锤击的方法取样。

4 使用双管或三管单动回转取土器取芯、取样时，转速不应大于 100r/min，并应根据土性施加钻进压力，控制掌握循环液泵量和稠度。

5 取土器在孔内提升时，卷扬速度应用中挡或慢挡。

6 原状样的直径宜为 75～100mm，长度不应小于 20cm；软土原状样样品长度不宜小于 50cm。

7 原状样应妥善密封，直立安放，不得倒置。

**3.6.5** 扰动样可在标贯器或岩芯管中采取，岩石试件可直接从岩芯中选取，对需保持天然湿度的岩芯应立即蜡封。

**3.6.6** 地下水样采取应符合下列规定：

1 钻孔钻进至含水层顶部1～3m后应下套管，套管接头处宜缠生胶带。

2 应采用清水或无泵钻进钻入含水层不少于1m，然后在孔内抽水，应待抽水体积超过钻孔容积10倍以上时采取水样。

3 对需测定不稳定成分的水样，应及时加入稳定剂。

4 水样采取后应立即密封并贴上标签，存放时间不宜超过72h。

**3.6.7** 送样过程中应采取避光、减震等措施，减少对试样的扰动和破坏。

**3.6.8** 土样自取样之日起至开土试验的时间不宜超过3周，对易于振动液化和水分离析的土样宜就近及时进行试验。

**3.6.9** 试验项目和试验方法应根据工程要求和岩土性质确定，试验仪器和具体操作应符合现行《公路工程土工试验规程》（JTG 3430）和《公路工程岩石试验规程》（JTG E41）的有关规定。

**3.6.10** 三轴压缩试验、高压固结试验等特殊性试验宜保留部分原状样品，试验报告经核对无误后方可处理。

**3.6.11** 岩、土、水的腐蚀性试验项目应符合现行《公路工程地质勘察规范》（JTG C20）的有关规定。

**3.6.12** 公路工程混凝土结构环境类型和作用等级划分应符合现行《公路工程混凝土结构耐久性设计规范》（JTG/T 3310）的有关规定。

## 3.7 原位测试

**3.7.1** 海域原位测试方法可按表3.7.1选用。

**表3.7.1 海域原位测试方法适用范围**

| 测试方法 | 适用的岩土类别 | | | | | | | 取得的岩土参数 | | | |
|---|---|---|---|---|---|---|---|---|---|---|---|
| | 岩石 | 碎石土 | 砂土 | 粉土 | 黏性土 | 软土 | 填土 | 状态 | 承载力 | 变形参数 | 液化判别 |
| 十字板剪切试验（VST） | − | − | − | + | + | ++ | + | ++ | ++ | + | − |

续表 3.7.1

| 测试方法 | 适用的岩土类别 | | | | | | | 取得的岩土参数 | | | |
|---|---|---|---|---|---|---|---|---|---|---|---|
| | 岩石 | 碎石土 | 砂土 | 粉土 | 黏性土 | 软土 | 填土 | 状态 | 承载力 | 变形参数 | 液化判别 |
| 标准贯入试验（SPT） | - | - | ++ | + | + | - | + | ++ | ++ | ++ | ++ |
| 圆锥动力触探试验（DST） | - | ++ | + | + | + | - | + | ++ | ++ | ++ | - |
| 静力触探试验（CPT） | - | - | + | + | + | ++ | + | ++ | ++ | ++ | ++ |
| 旁压试验（PMT） | - | - | ++ | + | + | + | + | + | ++ | ++ | + |
| 扁铲侧胀试验（DMT） | - | - | + | + | + | ++ | - | ++ | + | ++ | + |

注：++为很适用；+为适用；-为不适用。

**3.7.2** 海域原位测试应符合下列规定：

1 宜选择风浪小、作业平台相对稳定的时段进行测试。

2 采用无线传输数据时，试验前应检查数据传输的可靠性、及时性。

3 平台振动影响测试精度时，应暂停测试，具备条件时再行试验。

4 测试过程中，应观测记录海水位变化，并对试验深度进行复核校正。

**3.7.3** 海域标准贯入试验、圆锥动力触探试验除应符合现行《公路工程地质原位测试规程》（JTG 3223）的有关规定外，尚应符合本规程第3.7.2条的有关规定。

**3.7.4** 海域静力触探实施方式及适用条件可按表3.7.4选用。

**表 3.7.4 海域静力触探实施方式及适用条件**

| 实施方式 | 载体 | 适用水深（m） | 贯入能力 |
|---|---|---|---|
| 海床式 | 大型驳船 | 3~300 | 连续贯入，穿透厚层密实砂层困难 |
| 固定式 | 自升式平台 | 0~30 | 配合钻机引孔可多次贯入 |
| 井下式 | 大型驳船 | 3~300 | 配合钻机引孔可多次贯入 |
| 浮动式 | 大型驳船 | 0~30 | 配合钻机引孔可多次贯入 |

**条文说明**

本条根据《水运工程静力触探技术规程》（JTS/T 242—2020），结合港珠澳大桥、深中通道等项目静力触探试验经验制定，其中海床式、固定式积累了丰富的经验。

**3.7.5** 海域孔压静力触探试验应符合下列规定：

1 饱和土宜采用孔压探头进行测试。

2 探头宜具备倾斜角测量功能，实时记录贯入过程中的倾斜情况，并按式（3.7.5-1）~式（3.7.5-3）进行倾斜度修正。

$$Z = \int_0^l R_h \cdot dl \tag{3.7.5-1}$$

单轴倾斜仪：

$$R_h = \cos\alpha_1 \tag{3.7.5-2}$$

双轴倾斜仪：

$$R_h = (1 + \tan^2\alpha_2 + \tan^2\beta)^{-1/2} \tag{3.7.5-3}$$

式中：$Z$——贯入深度（m）；

$l$——贯入长度（m）；

$R_h$——探杆的倾斜修正系数；

$\alpha_1$——单轴倾斜仪触探杆轴向与铅垂线的夹角（°）；

$\alpha_2$、$\beta$——双轴倾斜仪触探杆在相互垂直的两个方向上的偏斜角（°）。

3 孔隙水压力测试探头的测试零点应在探头刚好贯入土层时读取。

4 以引孔底部为测试零点的数据值可按式（3.7.5-4）修正孔隙水压力，按式（3.7.5-5）修正锥尖阻力到以海床为测试零点的数据值。

$$u_2 = u_2^* + \gamma_w \cdot d \tag{3.7.5-4}$$

$$q_c = q_c^* + d \cdot a_c \cdot \gamma_w \tag{3.7.5-5}$$

式中：$u_2$——以海床面为测试零点的实测孔隙水压力（kPa）；

$u_2^*$——以引孔底部为测试零点的实测孔隙水压力（kPa）；

$\gamma_w$——水的重度（$kN/m^3$）；

$d$——海床面以下引孔底部的深度（m）；

$q_c$——以海床面为测试零点的实测锥尖阻力（kPa）；

$q_c^*$——以引孔底部为测试零点的实测锥尖阻力（kPa）；

$a_c$——有效面积比。

**条文说明**

4 海域静力触探受风浪、海况影响，且表层大部分发育有深厚淤泥类软土层，探杆在贯入过程中极易发生弯曲，对探头倾斜造成的深度误差修正示意见图 3-1。

测试零点对后续数据的解译非常重要，特别是对于测试深度比较大的孔压静力触探测试。海域孔压静探试验的测试零点有两种：一种以海床面为测试零点，典型的试验方法为海床式；另一种以引孔底部为测试零点，典型的试验方法为井下式。目前以海床面为测试零点的数据可以直接套用陆域孔压静力触探测试的相关经验。以引孔底部为测试零点的数据和以海床面为测试零点的数据主要差别在海床面到引孔底部这段深度水压力的影响，因此需要进行修正后才能进行后续的数据解译分析。不同测试零点的修正示意见图 3-2。

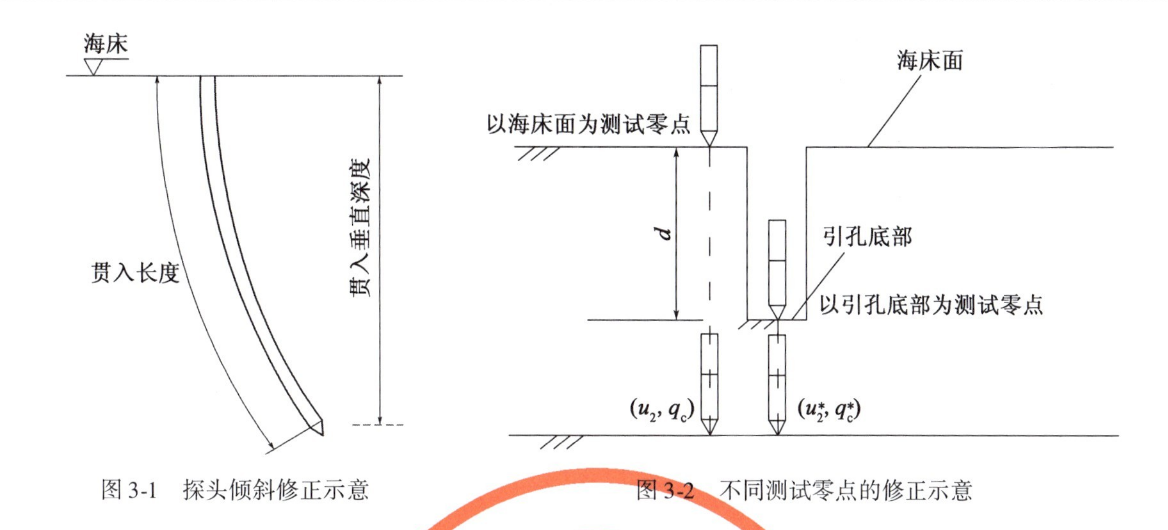


图 3-1　探头倾斜修正示意　　　图 3-2　不同测试零点的修正示意

**3.7.6**　海域自钻式旁压试验、扁铲侧胀试验宜在固定平台上进行，平台应满足原位测试所需稳定性的要求。

**3.7.7**　海域静力触探试验、旁压试验、扁铲侧胀试验、十字板剪切试验操作除应符合现行《公路工程地质原位测试规程》（JTG 3223）的有关规定外，尚应符合本规程附录 A～附录 E 的有关规定。

**3.7.8**　试验数据分析、资料整理应符合现行《公路工程地质勘察规范》（JTG C20）、《公路工程地质原位测试规程》（JTG 3223）的有关规定。

**3.7.9**　采用原位测试成果确定岩土物理力学参数时，可按本规程附录 F～附录 H、附录 J 的规定取值。

## 3.8　水文地质试验

**3.8.1**　公路跨海通道应根据工程需要、水文地质条件和场地条件确定水文地质试验方法和工作量。

**条文说明**

跨海通道工程规模宏大，根据工程特点，一般在大跨径桥梁沉井基础或锚碇基础、盾构法隧道工作井或风井、隧道洞身代表性部位、堰筑明挖段、人工岛深基坑工程等涉及地下水控制的路段，通过现场水文地质试验确定水文地质参数。

**3.8.2**　水文地质试验前应结合钻孔地层资料开展水文地质调查，并根据海域环境、施工平台等条件编制专项勘察大纲。

**条文说明**

海域抽水试验隔水、止水结构较复杂，受潮汐影响，水位观测方法有别于陆域抽水试验，很多重要步骤不可逆，对每一个细节都要考虑清楚，编制专项勘察大纲很有必要。

**3.8.3** 海域抽水试验宜采用单孔或多孔稳定流抽水模式。

**条文说明**

稳定流抽水试验操作过程相对比较容易控制，故海域推荐采用稳定流抽水模式。通过抽水试验可达到以下目的：

（1）获取流量和降深的关系曲线（*Q-S* 曲线），计算不同降深对应的流量或求取不同流量对应的降深。

（2）根据 *Q-S* 曲线类型判断含水层水文地质特征。

（3）计算井损大小。

**3.8.4** 海域抽水试验应选择相对隔水层并采用多层套管隔离海水，套管管靴可采用黏土球、海带等止水，接头处宜用生胶带缠绕。抽水试验前应检查止水效果，不满足要求时应重新施作。

**条文说明**

海域抽水试验关键在于止水效果，止水效果的好坏直接影响抽水试验的成败。一般通过设置多层护管隔离海水与试验段地下水的直接水力联系，管靴采用黏土球和海带丝混合物等止水，套管接头处缠绕生胶带。

试验止水效果通常从四个方面进行检查：

（1）海域地下水会随着潮汐变化呈有规律波动，但波动特征往往滞后于潮汐变化，如地下水位波动滞后不明显且水位相同，则可判定止水效果不理想。

（2）下好隔离保护套管后，可试抽套管内的水，水位下降快并恢复缓慢，则认为隔水效果好。

（3）地下水的温度与海水有一定差异，通过出水温度加以判断。

（4）地下水的水质与海水会有一定差异，如果两者相差不大且孔内水位恢复很快，则止水失效的可能性较大。

**3.8.5** 海域抽水试验段上部地层应进行隔水处理，再进行试验段成孔、成井。

**条文说明**

海域分层抽水试验时，试验段成孔、成井的经验如下：

（1）试验段上部是相对隔水层时，钻至试验段地层顶板之上1.0～2.0m；试验段上部是相对透水层时，钻至试验段地层顶板以下1.0～2.0m，下保护套管至孔底并做好隔水措施。变径钻试验段，当试验段以下为相对隔水层时，钻至试验段地层底；当试验段以下为相对透水层时，保留试验段地层1.0～2.0m，下过滤管、井管并填砾密实，填砾厚度不少于5cm。

（2）试验段为中风化、微风化岩时，不变径钻入岩0.5～1.0m，下保护套管至孔底并做好隔水措施，变径钻试验段后直接进行抽水试验。

**3.8.6** 海域抽水试验应观测地下水与潮汐的相关性，观测时间不宜少于1个潮汐周期并找出地下水位随潮汐变化的规律。抽水试验各降深稳定水位的判定应计入潮汐的影响。

**3.8.7** 海域带观测孔抽水试验应符合下列规定：

1 应按照“先观测孔、后抽水孔”的顺序进行成孔。

2 试验孔应安装保护套管，套管出水高度应高于最高潮水位1.0m。

3 观测孔的水位观测装置安装好后钻探船方可离开，孔位附近应设置警示标志。

4 抽水试验前，应通过试抽检查各系统运行稳定性。

5 抽水试验结束前，应采取地下水样。

6 试验结束后，应按照“先抽水孔、后观测孔”的顺序，拆除水文试验装置及保护套管。

**3.8.8** 地层渗透系数不大于$10^{-5}$cm/s时，抽水试验稳定时间的确定可遵循下列原则：

1 单位出水量小于0.01L/（s·m）、含水层厚度小于2m时，可只做一次最大降深，稳定时间不宜少于8h。

2 4h内恢复水位变化不超过5cm时，可认为稳定；4h内恢复水位变化超过5cm时，可用8h恢复水位与4h恢复水位计算相关水文参数，结果没有数量级的差异时可停止观测。

**条文说明**

2 海域环境复杂，抽水试验难度较大、成本高。由于弱透水层渗透性差、水量小，对工程影响不大，故本条对渗透系数不大于$10^{-5}$cm/s地层的抽水试验稳定时间做了适当放宽，多个工程抽水试验的实践经验证明估算渗透系数是可行的。

**3.8.9** 抽水试验结果分析应符合下列规定：

1 应检查抽水试验的原始记录。

2 应对比地下水位与潮汐的相关性，分析两者之间的水力联系。试验过程中，稳定水位的判定应考虑潮汐的影响。

3 应对水位-时间曲线、流量-时间曲线、流量-降深曲线进行分析，对地层渗透性进行综合判断，计算含水层的渗透系数、抽水影响半径等水文地质参数。

**条文说明**

2 海域地下水往往与潮汐存在水力联系，地下水位一般会随着潮汐变化呈现有规律波动，且有峰值滞后特征。

**3.8.10** 抽水试验的渗透系数、影响半径和隧道涌水量宜按本规程附录 K 规定的方法计算。

**3.8.11** 海域压水试验工作应符合下列规定：

1 岩石段宜采用边成孔边试验的单栓塞试验方法；对于完整的、孔壁稳定的孔段，可采用双栓塞分段进行。

2 应按三级压力、五个阶段进行试验，三级压力宜分别为 0.3MPa、0.6MPa、1.0MPa。

3 栓塞位置宜选择在基岩较完整孔段。试验前应检查栓塞止水效果，止水失效时应调整栓塞位置。

4 分段长度不宜超过 10m。

**条文说明**

1 压水试验有单栓塞、双栓塞两种方法。单栓塞是钻进一段、试验一段，双栓塞可成孔后再分段实施。采用双栓塞压水时，下栓塞的止水效果难以确定，当其止水失效时，试验段长度容易误判，故推荐单栓塞法。

4 压水试验求得的透水率是试验段平均值，如试验分段长度过长，会影响成果精度。国外有关规程中规定试段长度为 3～6m，一般不超过 10m，与我国规定基本一致。

**3.8.12** 压水试验资料整理应包括校核原始记录，绘制压力-流量曲线，确定压力-流量曲线类型和计算试段透水率等。

## 3.9 勘察报告编制

**3.9.1** 勘察报告应包括总报告和工点报告。总报告和工点报告应由文字说明、图表资料或附件组成。

**3.9.2** 勘察报告编写应符合下列规定：

1 应根据任务要求、勘察阶段、地质条件、构筑物设置等有针对性地编写。

2 应对采用的资料进行检查、分析、整理、确认。

3 应做到资料完整、真实准确、图表清晰、结论有据、建议合理、重点突出，有明确的工程针对性。

**3.9.3** 总报告文字说明应包括下列内容：

1 前言：任务依据、工程概况、勘察目的与任务、技术标准、勘察方法、工作量及布置原则、工作量完成情况、勘察工作过程、质量管理综述、审查咨询意见执行情况等。

2 自然地理概况：项目所处的地理位置、气象、水文、海域海况等。

3 工程地质条件：地形地貌、地层岩性、地质构造、新构造运动与地震、水文地质、不良地质与特殊性岩土的发育情况、水土腐蚀性、建筑材料等。

4 岩土物理力学指标及设计参数。

5 工程地质评价。

6 结论与建议：场地稳定性与适宜性评价、不良地质与特殊性岩土对工程的危害和影响程度、环境水或土的腐蚀性评价、封孔及遗留钻具情况、建议与注意事项等；工程地质条件比选结论。

7 遗留问题及下阶段工作建议等。

**3.9.4** 总报告图表应包括路线综合工程地质剖面图、综合工程地质纵断面图、不良地质和特殊性岩土一览表。

**3.9.5** 桥梁、隧道、人工岛、临时工程、料场等独立勘察对象应编制工点报告。

**3.9.6** 工点报告应结合构筑物类型、基础形式、工法特点、施工方案等编制，除应符合现行《公路工程地质勘察规范》（JTG C20）的有关规定外，尚应符合本规程第5章、第6章的有关规定。

**3.9.7** 工程复杂或项目需要时，宜采用建筑信息模型技术建立三维地质模型。

# 4 预可勘察与工可勘察

## 4.1 预可勘察

**4.1.1** 预可勘察应了解公路跨海通道工程所处区域的工程地质条件及存在的主要工程地质问题，为编制预可行性研究报告提供工程地质资料。

**4.1.2** 预可勘察应以资料收集、遥感工程地质解译和工程地质调绘为主，结合物探、钻探、取样与试验、原位测试等方法，对公路跨海通道的工程地质条件进行研究。

**4.1.3** 预可勘察应包括下列内容：

1 收集海域的海岸变迁、冲淤变化、潮位、波浪、泥沙等资料。

2 收集区域地质、水文地质、地震、气象、水文及既有工程勘察设计等资料。

3 了解公路跨海通道所处区域的地形地貌、地层岩性、地质构造、水文地质条件、地震动参数、不良地质和特殊性岩土的类型及分布。

4 了解当地建筑材料的分布状况和采购运输条件。

5 编制预可行性研究阶段工程地质勘察报告。

**4.1.4** 工程地质调绘应符合下列规定：

1 应沿路线及其两侧的带状范围进行 1∶10 000 ~ 1∶50 000 工程地质调绘，1:10 000 调绘范围应包括路线及其两侧各不小于 1 000m 的带状区域，1∶50 000 调绘范围应包括路线及其两侧各不小于 5 000m 的带状区域；存在影响工程方案比选的区域断裂、岩溶等不良地质时，应根据实际地质情况确定调绘范围。

2 两个以上同深度比选工程方案应进行同深度工程地质调绘。

**4.1.5** 物探应符合下列规定：

1 应沿拟定的线位布置纵向物探测线，各线位物探测线数量均不应少于 2 条。

2 对影响工程方案的区域断裂，应沿断裂走向增加纵、横向物探测线，新增纵、横向物探测线均不应少于 3 条。

**4.1.6** 区域断裂、桥梁深水基础、水下隧道等重要地段，宜进行钻探、取样和测试工作。

**4.1.7** 预可勘察报告应包括下列内容：

1 文字说明：阐述公路跨海通道的工程地质条件及存在的主要工程地质问题，评价场区稳定性和适宜性，提出下一阶段工程地质勘察工作建议。

2 图表资料应包括下列内容：

1）工程地质平面图：比例尺 1∶10 000～1∶50 000；

2）工程地质纵断面图：水平比例尺 1∶10 000～1∶50 000，垂直比例尺 1∶100～1∶500；

3）钻孔柱状图：比例尺 1∶50～1∶200；

4）原位测试成果图表、室内试验成果图表、岩土试验成果分层统计表等；

5）其他资料：岩芯照片，原位测试、封孔过程的工作照片等。

## 4.2 工可勘察

**4.2.1** 工可勘察应初步查明公路跨海通道沿线的工程地质条件及存在的工程地质问题，为编制工程可行性研究报告提供工程地质资料。

**4.2.2** 工可勘察应以资料收集、遥感工程地质解译和工程地质调绘为主，结合物探、钻探、取样与试验、原位测试等方法，对公路跨海通道的工程地质条件和适宜性进行综合研究。

**4.2.3** 工可勘察应包括下列内容：

1 收集区域地质、海域水文、气象、航道分布、沉船、管线分布、海洋动植物保护区设置情况、既有工程勘察设计等资料。

2 初步查明公路跨海通道所处区域的地形地貌、地层岩性、地质构造、水文地质条件、地震动参数、不良地质和特殊性岩土的类型及分布。

3 初步查明主要岩土层的物理力学性质。

4 初步查明海域料场的类别、储量和开采运输条件。

5 初步分析跨海桥位的工程地质和水文地质条件，评价不良地质和特殊性岩土对桥梁的影响。

6 初步分析水下隧道建设场地的工程地质条件和水文地质条件、隧道围岩分级，针对隧道可能采用的不同工法特点，分别给出所需的岩土设计参数。

7 初步分析人工岛及临时工程建设场地的工程地质条件和地基稳定性，评价不良地质和特殊性岩土的工程影响。

8 编制工程可行性研究阶段工程地质勘察报告。

**4.2.4** 工程地质调绘应符合下列规定：

1 应沿路线及其两侧的带状范围进行 1∶2 000～1∶10 000 工程地质调绘，1∶2 000

调绘范围应涵盖路线及其两侧各不小于200m 的带状区域，1∶10 000 调绘范围应涵盖路线及其两侧各不小于1 000m 的带状区域；存在影响工程方案比选的区域断裂、岩溶等不良地质时，应根据实际地质情况确定调绘范围。

2　应对区域地层界线、区域断裂、不良地质和特殊性岩土进行重点调绘。

**4.2.5**　物探应符合下列规定：

1　应沿拟定的线位布置纵向物探测线，各线位物探测线数量均不应少于3 条，其间距不宜大于200m。

2　区域断裂、桥梁主墩、锚碇、水下隧道、人工岛等重点部位应增加纵、横向物探测线，新增纵、横向物探测线均不应少于3 条。

**4.2.6**　钻探应符合下列规定：

1　同一地质单元钻孔间距不宜超过1 000m，地质单元变化地段应布置钻孔控制。

2　桥梁主墩、锚碇等重要部位应布置钻孔，各处钻孔数量均不应少于2 个；地质条件变化较大时，应加密钻孔。引桥钻孔应布置在桥墩基础范围内，钻孔间距宜为500 ~ 1 000m。

3　隧道应沿轴线两侧交叉布置钻孔，间距宜为150 ~ 500m；地质条件变化较大时，应加密钻孔。隧道进出口、工作井及洞身代表性部位应结合物探解释成果布置钻孔、取样和测试工作，钻孔深度应满足最大埋深方案的地质评价需要。

4　人工岛应沿筑岛边线端部和中间布置钻孔，钻孔数量不宜少于5 个。

5　断裂带、风化深槽等主要物探异常带应布置钻孔。

**4.2.7**　取样与试验、原位测试应符合本规程第3.6 节、第3.7 节的有关规定。

**4.2.8**　两个以上同深度比选工程方案应开展同深度勘察。

**4.2.9**　工可勘察报告应包括下列内容：

1　文字说明应包括下列内容：

1）总体阐述通道沿线的地形地貌、地层岩性、地质构造、新构造运动与地震、水文地质条件、不良地质和特殊性岩土对通道工程的影响。

2）分析桥址区工程地质和水文地质条件，提出基础形式、基础持力层的工程地质建议，提供设计所需的岩土参数等。

3）结合不同工法评价隧道工程地质条件。分析沉管隧道基槽开挖范围地层性质、地基均匀性特征，提供设计所需的岩土参数，评价沉管法施工可行性等；分析盾构隧道隧址区工程地质条件和水文地质条件，提供设计所需的岩土参数，评价土石可挖性、围岩分级、施工风险等；分析钻爆隧道隧址区工程地质条件和水文地质条件，提供设计所需的岩土参数，评价围岩分级，预测涌水量；分析堰筑隧道围堰段工程地质条件和水文地质条件，提供设计所需的岩土参数，分析评价围堰基坑地基承载力、基坑突涌、施工地质风险等。

4）分析人工岛、临时工程等工程地质条件、水文地质条件和地基土的均匀性特征，提供设计所需的岩土参数，评价施工可行性等。

5）结合方案及重点地质问题，提出相关专项研究建议。

6）提出下阶段工程地质勘察工作建议。

2　图表资料应包括下列内容：

1）工程地质平面图：比例尺 1∶2 000 ~ 1∶10 000；

2）工程地质纵断面图：水平比例尺 1∶2 000 ~ 1∶10 000，垂直比例尺 1∶100 ~ 1∶500；

3）钻孔柱状图：比例尺 1∶50 ~ 1∶200；

4）原位测试成果图表、室内试验成果图表、岩土试验成果分层统计表等；

5）其他资料：岩芯照片，原位测试、封孔过程的工作照片等。

# 5 初步勘察

## 5.1 一般规定

**5.1.1** 初步勘察应基本查明公路跨海通道桥梁、隧道、人工岛、临时工程及料场等建设场地的工程地质条件，为工程方案比选及初步设计文件编制提供工程地质资料。

**5.1.2** 初步勘察应在充分利用工可勘察资料的基础上，根据沿线工程地质条件和水文地质条件，结合桥梁、隧道、人工岛等构筑物的设计方案，采用综合勘察方法，对路线和各类构筑物的工程地质条件进行勘察。

**条文说明**

公路跨海通道工程规模大、构筑物多，地质条件也较复杂。如港珠澳大桥，采用了桥梁、人工岛、隧道的构筑物组合形式；厦门地铁2号线跨海段隧道，采用了盾构法与钻爆法相结合的施工工法。各类构筑物的工程特点及工法的勘察原则、侧重点不一，采用单一的手段往往难以获得全面的地质资料及准确的岩土参数。初步勘察阶段需结合各类构筑物的设计方案，采用综合勘察方法，以探明各类地质问题。

**5.1.3** 初步勘察应对工程项目建设可能诱发的地质灾害和环境影响进行分析、预测，评估其对工程和环境的影响。

## 5.2 桥梁

**5.2.1** 桥梁初勘应根据现场地形地质条件，结合桥梁规模、桥型、桥跨及基础形式等确定勘察方案。桥梁初勘应包括下列工作内容：

1 收集区域地质、地震、水文地质、海底地形、海床冲刷和淤积、海床稳定性、既有工程勘察设计等资料。

2 收集、核查水下障碍物及管线分布资料。

3 基本查明桥址区地貌的成因、类型、形态特征、岸坡的稳定状况。

4 基本查明覆盖层的厚度、土质类型、分布范围、地层结构、密实度。

5 基本查明基岩埋深、起伏形态，地层及其岩性组合，岩石的风化程度及完整性。

6 基本查明桥址区断裂的类型、分布、规模、产状、活动性，破碎带宽度、物质组成及胶结程度。

7 基本查明不良地质和特殊性岩土的类型、分布及性质。

8 基本查明岩土的物理力学性质，提供工程设计所需的岩土物理力学参数。

9 基本查明地表水及地下水的类型、分布、水质、水位和腐蚀性。

10 划分场地土类型和场地类别，评价地震效应、场地稳定性和适宜性。

11 分析评价锚碇、沉井开挖可能引起的坍塌失稳、涌水流砂等情况。

12 评价工程施工可能遇到的工程地质问题及施工对周边环境的影响。

13 通过有害气体、岩溶分布区时，评价其对工程建设的影响。

**条文说明**

2 公路跨海通道工程针对水下障碍物、管线等开展调查，有利于布置墩台，制订保护方案，避免设计方案的反复。

12 跨海通道施工可能遇到的周边环境主要包括水产养殖区、渔业保护区、生态保护区、港口航运区等。

**5.2.2** 工程地质调绘应符合下列规定：

1 跨海桥梁工程应进行1∶10 000工程地质调绘，调绘范围应包括对工程有影响的区域。

2 应沿路线及其两侧带状范围进行1∶2 000工程地质调绘，调绘范围应涵盖路线及其两侧各不小于200m的带状区域；存在影响桥梁工程方案比选的水下岸坡失稳、断裂、岩溶等不良地质时，应根据实际地质情况确定调绘范围。

3 水域及露头不良路段的工程地质调绘，应辅以勘探、测试手段进行。

**5.2.3** 桥梁初勘遇有下列情况时，应结合物探等手段进行综合勘探：

1 桥位隐伏的断裂、岩溶、有害气体等不良地质发育。

2 基岩面或桩端持力层起伏变化较大，仅用钻探手段难以判明。

3 水下地貌变化较大，需进一步探明。

4 控制岛礁斜坡稳定的卸荷裂隙、软弱夹层等结构面用钻探难以探明。

5 缺乏资料的既有老旧建（构）筑物或填土场地。

6 水下障碍物对工程影响较大，需进一步探明。

**5.2.4** 物探工作应符合下列规定：

1 物探测线应结合工可资料沿桥轴线和左右两侧布置，各方案测线总数量不宜少于5条，其间距宜为50～100m，地质条件复杂时应增加测线数量。

2 主墩、锚碇或地质条件复杂地段应增加纵、横向物探测线。

**5.2.5** 钻孔布置应符合下列规定：

1 钻孔应结合工可资料、地貌地质单元、墩台位置沿桥梁轴线或其两侧交错布置，岩性变化、断裂等重要的地质界线应布置钻孔。

2 主塔墩、锚碇等重点部位每处钻孔数量不宜少于5个，主塔墩采用嵌岩桩时应增加钻孔，查明基础范围内中风化、微风化岩面起伏情况；辅助墩、边墩每处应布置1个钻孔。

3 引桥钻孔应结合桥跨和地质条件布置，间距不宜大于200m。

4 基础施工可能诱发岸坡失稳等地质灾害时，应结合桥梁基础布置和边坡稳定性分析进行勘探。

**条文说明**

2 大跨径桥梁方案往往根据通航批复文件确定，主塔墩、锚碇处的地质条件对基础方案和工程造价影响较大，甚至决定着整个跨海通道的设计方案。主塔墩采用嵌岩桩时，探明基础范围内中风化、微风化岩面起伏情况，有利于尽快确定主塔墩位置，避免设计方案反复。

3 引桥钻孔间距一般不大于200m，以便对全线地质条件进行普查，初步查明中风化、微风化岩面整体起伏状况，有利于采用较少的钻探工作量探明桥位地质情况，满足初步设计要求。引桥钻孔一般在主塔墩位置基本确定后实施。

**5.2.6** 钻孔深度应符合下列规定：

1 钻孔深度控制原则应符合表5.2.6的规定。

**表5.2.6 钻孔深度控制原则**

| 基础类型 | | 钻孔深度控制原则 |
|---|---|---|
| 桩基础 | 摩擦桩 | 钻至预计桩端以下不应小于$5d$（$d$为桩径），且应满足场地稳定性及构筑物沉降验算的要求 |
| | 嵌岩桩 | 钻至预计桩端以下不应小于$5d$（$d$为桩径），且桩端以下不应小于10m，并应穿过溶洞、破碎带，达到稳定地层并满足构筑物稳定性验算的要求 |
| 锚碇基础 | 重力锚 | 钻至预计基础底面以下不应少于2倍基础埋深，并应满足沉降计算要求；在预计开挖深度遇中风化或微风化基岩时，钻至基坑底部中风化或微风化基岩不应小于10m |
| | 隧道锚 | 钻至预计锚塞体底部以下15～20m |
| 沉井基础 | | 孔深不宜小于沉井刃脚以下1.5～2倍沉井直径（宽度），并应满足沉降计算要求；在预计开挖深度遇中风化或微风化基岩时，钻至中风化或微风化稳定基岩不应小于10m |
| 明挖扩大基础 | | 孔深应满足地基稳定性分析的要求 |

2 沉井或锚碇基础持力层下分布有软土等特殊性岩土时，应予以穿过并钻至稳定地层不小于5m。

3　地质条件特别复杂的深水、大跨径桥梁基础，钻孔深度应按设计要求进行专题研究后确定。

4　钻孔深度应满足多种基础形式比选要求。

**条文说明**

1　根据相关研究成果，隧道锚破坏一般分为锚碇区坡体滑移破坏、接触面破坏、围岩倒楔形破坏及组合破坏。一般情况下，隧道锚钻孔孔深钻至预计锚塞体底部以下15～20m，能满足隧道锚设计需要。

**5.2.7**　取样与试验应符合下列规定：

1　粉土、黏性土地层应取原状样，取样间距宜为1.5～2.0m；土层变化时应取样；土层厚度大于5m时，取样间距可适当放宽，但不宜超过5.0m。

2　砂土和碎石土地层应分层采取扰动样，取样间距宜为2.0～3.0m；土层变化时应取样。

3　应根据岩石的风化等级，分层采取代表性岩样。

4　当需要进行冲刷计算时，应在海床一定深度内取样做颗粒分析试验，取样间距不应大于1.5m。

5　在高平潮、低平潮时，应采取代表性海水样，每组样品数不宜少于2个。

6　钻孔内应采取代表性地下水样，每组样品数不宜少于2个。

7　陆域应采取代表性地表水样。

8　桥梁初勘室内试验测试项目可按表5.2.7选用。

**表5.2.7　桥梁初勘室内试验测试项目**

| 测试项目 | | 粉土、黏性土 | | | 砂土、碎石土 | | | 岩石 | | |
|---|---|---|---|---|---|---|---|---|---|---|
| | | 桩基 | 沉井 | 锚碇基础 | 桩基 | 沉井 | 锚碇基础 | 桩基 | 沉井 | 锚碇基础 |
| 颗粒分析 | | | | | + | + | + | | | |
| 休止角（°） | | | | | + | + | + | | | |
| 天然含水率 $w$（%） | | + | + | + | | | | | | |
| 密度 $\rho$（$g/cm^3$） | | + | + | + | | （+） | （+） | + | + | + |
| 塑限 $w_P$（%） | | + | + | + | | | | | | |
| 液限 $w_L$（%） | | + | + | + | | | | | | |
| 压缩系数 $\alpha$（$MPa^{-1}$） | | + | + | + | | | | | | |
| 渗透系数 $k$（cm/s） | | （+） | + | + | （+） | + | + | | | |
| 直接剪切试验 | 黏聚力 $c$（kPa） | + | + | + | （+） | （+） | （+） | | | + |
| | 内摩擦角 $\varphi$（°） | + | + | + | （+） | （+） | （+） | | | + |
| 静止侧压力系数 $k_0$ | | | + | + | | | | | | |

续表 5.2.7

| 测试项目 | | 粉土、黏性土 | | | 砂土、碎石土 | | | 岩石 | | |
|---|---|---|---|---|---|---|---|---|---|---|
| | | 桩基 | 沉井 | 锚碇基础 | 桩基 | 沉井 | 锚碇基础 | 桩基 | 沉井 | 锚碇基础 |
| 三轴剪切试验 | 黏聚力 $c_{uu}$、$c_{cu}$（kPa） | （+） | （+） | （+） | | | | | | |
| | 内摩擦角 $\varphi_{uu}$、$\varphi_{cu}$（°） | （+） | （+） | （+） | | | | | | |
| 单轴饱和抗压强度 $R_c$（MPa） | | | | | | | | + | + | + |
| 吸水率 $w_a$（%） | | | | | | | | + | + | + |
| 弹性模量 $E$（MPa） | | | | | | | | （+） | （+） | + |
| 泊松比 $\mu$ | | | | | | | | （+） | （+） | + |
| 水质分析 | | + | + | + | + | + | + | + | + | + |

注：1. +为必做项目，（+）为选做项目。
2. 易软化岩石应做天然抗压强度试验。
3. 沉井施工影响范围内应适当采取原状砂。

9 软土应增加有机质含量、无侧限抗压强度、固结试验等测试项目。

**条文说明**

1 由于公路跨海通道工程钻孔深度大，如全部按每1.5~2.0m间距取样，取样数量多，室内试验工作量非常大，当土层厚度较大时，可考虑适当放宽取样间距。

**5.2.8** 应根据地基岩土类型、性质和桥梁的基础形式选择原位测试方法，并应符合下列规定：

1 黏性土、粉土、砂土应做标准贯入试验，碎石土应做圆锥动力触探试验，全风化、强风化岩应做标准贯入试验或圆锥动力触探试验，试验间距宜为1.5~2.0m；需进行砂土液化判别段，标准贯入试验间距应为1.0~1.5m。

2 软土、黏性土、粉土、砂土宜做静力触探试验。

3 软土宜做十字板剪切等试验，试验间距宜为1.0m。

4 锚碇、沉井基础宜选取代表性部位做旁压试验、扁铲侧胀试验。

5 应选择代表性钻孔进行剪切波测试，评价场地土类型和场地类别。

6 宜采用孔内摄像、物探综合测井等方法探明孔内地质情况。

7 遇有害气体时，应取样测试；对工程影响较大时，应按本规程第8.5节的有关规定进行专题研究。

**条文说明**

4 随着工程建设的发展，旁压试验、扁铲侧胀试验等测试手段发挥了重要作用，针对锚碇、沉井等重点部位，采用多种原位测试方法进行勘察是有必要的。

**5.2.9** 大跨径桥梁深水基础、锚碇基础等涉及降水施工的部位，应进行抽水试验，试验方法应符合本规程第3.8节的有关规定。

**5.2.10** 桥梁初勘工点报告应包括下列内容：

1 文字说明应包括下列内容：

1）阐述桥梁工程概况、勘察方法及工作量布置情况、勘察过程、既有资料利用情况、岩土参数确定方法和依据、自然地理概况、工程地质条件等。

2）结合物探和钻探成果，说明桥址区整体地层变化情况、持力层差异性。

3）评价工程场区的覆盖层厚度、中微风化基岩埋深、岩面起伏变化、不良地质和特殊性岩土发育情况及其对工程的影响。

4）提出桥梁基础形式及持力层选择建议，沉井基础重点评价地基均匀性和沉井可沉性，明挖扩大基础重点评价基坑稳定性，桩基础重点评价成（沉）桩可行性。

5）评价锚碇基础形式及适宜性，重力锚分析评价开挖范围内地层分布及其稳定性、基坑开挖涌水量等，隧道锚分析评价围岩级别、岩土体强度、基岩完整性及物理力学特性等。

6）分析评价工程施工可能存在的地质风险。

7）分析沉井、锚碇、桩基施工对周边环境可能产生的影响。

8）提供岩土设计参数建议值。

9）提出结论与建议。

2 图表资料应包括下列内容：

1）桥位工程地质平面图：比例尺1：2 000～1：10 000；

2）工程地质纵断面图：水平比例尺1：2 000，垂直比例尺1：100～1：500；

3）塔墩、沉井及锚碇工程地质断（剖）面图：水平比例尺1：100～1：500，垂直比例尺1：100～1：500；

4）钻孔柱状图：比例尺1：50～1：200；

5）原位测试成果图表、室内试验成果图表、水文地质试验图表，岩土试验成果分层统计表等；

6）其他资料：岩芯照片，原位测试、水文地质试验的工作照片等。

## 5.3 隧道

**5.3.1** 隧道初勘应根据隧道所处场地条件，结合隧道规模、标准和工法等确定勘察方案。隧道初勘应包括下列工作内容：

1 收集区域地质、地震、气象、水文地质、海底地形、海床冲刷和淤积、海床稳定性、海床演变分析等资料。

2　收集、核查隧道位置处水下障碍物及管线的相关资料。

3　基本查明隧址区地貌的成因、类型、形态特征、岸坡的稳定状况。

4　基本查明覆盖层的厚度、土质类型、分布范围、地层结构、密实度。

5　基本查明基岩岩性、结构面产状及组合、岩体完整性、风化程度。

6　基本查明隧址区断裂的类型、分布、规模、产状、活动性、破碎带宽度、物质组成及胶结程度。

7　基本查明隧址区褶皱的类型、规模、形态特征。

8　基本查明不良地质和特殊性岩土的类型、分布及性质。

9　基本查明地表水及地下水的类型、分布、水质、水位和环境水的腐蚀性。

10　评价地震效应、场地稳定性和适宜性。

11　分析隧道围岩的稳定性和可挖性，划分土、石工程分级。

12　分析隧道施工可能遇到的工程地质问题及对周边环境的影响。

13　隧道通过有害气体分布区时，评价有害气体对工程建设的影响。

**5.3.2**　沉管隧道初勘除应符合本规程第5.3.1条的有关规定外，尚应包括下列工作内容：

1　收集海水流量、流速、波浪、水温、含砂（泥）量、最高水位、潮汐等水文资料。

2　收集气温、湿度、降水、雾况、风向、风速等气象资料。

3　基本查明水下软弱地层、可液化土层的分布及工程特性。

4　基本查明下伏基岩岩面埋藏深度、起伏变化情况及岩脉分布和工程特性。

5　分析水下基槽边坡稳定性。

**5.3.3**　盾构隧道初勘除应符合本规程第5.3.1条的有关规定外，尚应包括下列工作内容：

1　基本查明高灵敏度软土层、高塑性黏性土层、松散砂土层、含承压水砂层、软硬不均地层、含漂石或卵石地层等分布和特征。

2　基本查明基岩起伏、岩石坚硬程度、岩脉分布与特征、岩体完整性、岩石质量指标及耐磨性矿物成分和含量，划分隧道围岩分级。

3　基本查明孤石、球状风化体的分布规律。

4　预测隧道盾构工作井、联络通道的涌水量。

5　分析评价盾构工作井及联络通道的工程地质条件。

**5.3.4**　钻爆隧道初勘除应符合本规程第5.3.1条的有关规定外，尚应包括下列工作内容：

1　基本查明软弱地层、基岩风化带、风化槽的分布与特征，划分隧道围岩分级。

2　预测隧道最大及正常涌水量，评价可能产生突水、涌泥（砂）的风险，提出合理的地下水控制措施，提供地下水控制所需的水文地质参数。

3 预测可能产生的开挖面坍塌、冒顶、边墙失稳、基底隆起、围岩松动等施工风险，并提出防治措施建议。

**5.3.5** 堰筑隧道初勘除应符合本规程第5.3.1条的有关规定外，尚应包括下列工作内容：

1 收集海水流量、流速、波浪、最高水位、潮汐等水文资料。

2 提供控制地下水设计相关参数，分析地下水位变化对工程的影响。

3 根据粉土、砂土分布及地下水特征，分析基坑发生突水、涌砂、流土、管涌的可能性。

4 分析海上围堰、止水围护结构的适宜性及可靠性，针对海上基坑开挖可能发生的问题提出支护措施建议。

**5.3.6** 工程地质调绘应符合下列规定：

1 应沿路线及其两侧的带状范围进行1∶10 000工程地质调绘，调绘范围应包括路线及其两侧各不小于1 000m的带状区域；存在可能影响工程方案比选的区域断裂、岩溶等不良地质时，应根据实际地质情况确定调绘范围。

2 地质条件复杂时，应进行1∶2 000工程地质调绘，调绘宽度沿路线两侧各不宜小于200m；存在影响隧道工程方案比选的岸坡失稳、断裂、岩溶等不良地质时，应根据实际地质情况确定调绘范围。

3 覆盖层发育、露头不良地段及水域范围的工程地质调绘，应辅以必要的勘探、测试手段。

**5.3.7** 物探工作应符合下列规定：

1 探测宽度可根据路线比选范围及结构特点确定，水域地段不宜小于轴线外侧100m，陆域地段不宜小于轴线外侧50m。

2 沉管隧道、堰筑隧道的探测宽度不应小于其基槽或基坑边坡影响范围。

3 物探测线应沿隧道轴线及左右两侧布置，纵向测线数量不应少于5条，测线间距宜为20～50m。

4 对于断裂、岩溶及基岩起伏较大等地质条件复杂地段，应加密纵、横向物探测线。

5 隧道洞口、联络通道、工作井等地段应布置横向测线，数量不应少于3条，测线间距宜为20～50m。

**5.3.8** 隧道初勘勘探测试孔的布置应符合下列规定：

1 勘探测试孔应结合物探成果，根据工程地质条件复杂程度布置，在地貌、地质单元交接部位、地层变化较大以及不良地质和特殊性岩土发育地段应加密。

2　工程地质条件复杂程度应按现行《公路工程地质勘察规范》（JTG C20）的有关规定执行。

3　勘探测试孔布置原则应符合表5.3.8的规定。

**表5.3.8　勘探测试孔布置原则**

| 隧道工法 | 勘探测试孔布置原则 |
|---|---|
| 沉管隧道 | 应布置在基槽及周围影响范围内，沿路线方向勘探测试孔间距宜为75～200m，沿隧道轴线方向每隔200～400m宜垂直轴线方向布置钻孔，钻孔间距宜为30～40m |
| 盾构隧道 | 勘探测试孔间距宜为50～200m，交叉布置于隧道洞壁外侧5～10m处；工作井及联络通道处应有勘探测试孔控制 |
| 钻爆隧道 | 勘探测试孔间距宜为100～300m，交叉布置于隧道洞壁外侧5～10m处；联络通道应有勘探测试孔控制 |
| 堰筑隧道 | 宜在开挖边界外按开挖深度的1～2倍范围布置勘探测试孔，勘探测试孔间距宜为50～150m |

注：1. 地质条件复杂时，应增加勘探测试孔的数量。
2. 沉管隧道静力触探孔不宜超过勘探测试孔数量的1/2。

**条文说明**

1　勘探测试孔包括钻孔、静力触探测试孔和其他原位测试孔。静力触探测试孔与钻孔相比，具有效率高、数据可靠等优势。对于覆盖层厚且以黏性土和砂土为主的场地，水域静力触探孔已在公路跨海通道勘察中得到了推广应用。

**5.3.9**　勘探测试孔深度应符合下列规定：

1　沉管隧道勘探测试孔深度在覆盖层中不应小于隧道底板以下2.5倍管节高度，并应满足变形计算要求；隧道底板以下遇中风化基岩时，深度可减少至1.0～2.0倍管节高度。

2　盾构隧道、钻爆隧道勘探测试孔深度应进入结构底板以下3倍洞身高度并满足沉降计算要求；在结构埋深范围内遇全风化、强风化基岩时，孔深超过结构底板以下不应小于15m；结构埋深范围内遇中风化基岩时，孔深宜进入结构底板以下5～8m；遇破碎带时，孔深应适当加深；遇岩溶时，钻至溶洞底板不应小于10m完整基岩。

3　堰筑隧道勘探测试孔深度宜按开挖深度的2～3倍确定，在预计开挖深度范围内遇中风化基岩时，孔深进入中风化基岩不应小于10m，且进入基坑底板下3～5m；遇软土或地下水控制需要时，应穿过软土层及对工程有影响的透（含）水层，并应满足稳定分析、降水设计、支护结构设计等要求。

**5.3.10**　取样与试验应符合下列规定：

1　粉土、黏性土地层应取原状样，取样间距宜为1.5～2.0m；土层变化时应取样；土层厚度大于5m时，取样间距可适当放宽，但不宜超过5.0m。

2　砂土和碎石土地层应分层采取扰动样，取样间距宜为2.0～3.0m；土层变化时应取样。

3 应根据岩石的风化等级，分层采取代表性岩样。

4 需要进行冲刷计算时，应在海床一定深度内取样做颗粒分析试验，取样间距不应大于1.5m。

5 在高平潮、低平潮时应采取代表性海水样，每组样品数不宜少于2个。

6 钻孔内应采取代表性地下水样，每组样品数不宜少于2个。

7 隧道初勘室内试验测试项目可按表5.3.10选用。

**表5.3.10 隧道初勘室内试验测试项目**

| 测试项目 | | 沉管隧道 | | 盾构隧道 | | 钻爆隧道 | | 堰筑隧道 | |
|---|---|---|---|---|---|---|---|---|---|
| | | 土体 | 岩石 | 土体 | 岩石 | 土体 | 岩石 | 土体 | 岩石 |
| 颗粒分析 | | + | | + | | + | | + | |
| 天然含水率 $w$（%） | | + | | + | | + | | + | |
| 密度 $\rho$（$g/cm^3$） | | + | （+） | + | （+） | + | （+） | + | （+） |
| 塑限 $w_P$（%） | | + | | + | | + | | + | |
| 液限 $w_L$（%） | | + | | + | | + | | + | |
| 有机质含量 $W_u$（%） | | （+） | | （+） | | （+） | | （+） | |
| 渗透系数 $k$（cm/s） | | | | + | | + | | + | |
| 固结试验 | 压缩系数 $a$（$MPa^{-1}$） | + | | + | | + | | + | |
| | 压缩模量 $E_s$（MPa） | + | | + | | + | | + | |
| | 压缩指数 $C_c$ | + | | | | | | + | |
| | 回弹指数 $C_s$ | + | | | | | | + | |
| | 垂直固结系数 $C_v$（$cm^2/s$） | （+） | | （+） | | | | （+） | |
| | 次固结系数 $C_\alpha$ | （+） | | （+） | | | | （+） | |
| | 前期固结压力 $p_c$（kPa） | （+） | | （+） | | | | （+） | |
| 三轴剪切试验 | 黏聚力 $c_{uu}$、$c_{cu}$（kPa） | + | | + | | + | | + | |
| | 内摩擦角 $\varphi_{uu}$、$\varphi_{cu}$（°） | + | | + | | + | | + | |
| 直接剪切试验 | 黏聚力 $c$（kPa） | + | + | + | + | + | + | + | + |
| | 内摩擦角 $\varphi$（°） | + | + | + | + | + | + | + | + |
| 异向固结三轴试验 | | （+） | | | | | | | |
| 无侧限抗压强度 $q_u$（kPa） | | + | | + | | + | | + | |
| 静止侧压力系数 $k_0$ | | + | | + | | + | | + | |
| 基床系数 $K$ | | + | + | + | + | + | + | + | + |
| 单轴饱和抗压强度 $R_c$（MPa） | | | + | | + | | + | | + |
| 抗拉强度 $R_t$（MPa） | | | | | | | （+） | | |
| 弹性模量 $E$（MPa） | | | | | + | | + | | |
| 泊松比 $\mu$ | | | | | + | | + | | |
| 岩块纵波波速 $v_p$（m/s） | | | | | + | | + | | |

注：1. +为必做项目；（+）为选做项目。

2. 软土（淤泥、淤泥质土）应做固结系数、次固结系数、前期固结压力、有机质含量等测试。

8 沉管隧道应进行不同季节、不同温度及不同浑浊度条件下水的重度测试。

9 盾构隧道应进行砂土、卵石和全风化、强风化岩石的颗粒组成、最大粒径及曲率系数、不均匀系数、耐磨矿物成分及含量，土层的黏粒含量等测试。

10 采用冻结手段辅助施工时，应进行地下水流速流向测试、含盐量测试，并提供岩土体的比热容、导热系数、导温系数、冻胀率、融沉系数等参数。

11 有害气体、放射性矿物应按本规程第8章的规定进行测试、分析，必要时进行专题研究。

**条文说明**

7 沉管隧道、堰筑隧道沉降控制要求比较高。由于海床软土层较厚，因此需要通过前期固结压力 $p_c$ 反映软土的固结情况，进一步可知超固结比（$OCR$）及土体的应力历史，这样可以更加精确地计算土体在附加应力作用下的沉降。

对于发育深厚高压缩性软土的海上构筑物，次固结沉降占相当分量，而次固结系数是计算次固结沉降的基本参数。《公路土工试验规程》（JTG 3430—2020）中没有对次固结系数$C_\alpha$的说明，一般按《土工试验方法标准》（GB/T 50123—2019）第17.2.7条进行计算。

土体静止侧压力系数 $k_0$ 一般用来研究土中应力与应变关系、计算变形模量。土体静止侧压力系数一般采用压缩仪法、三轴压缩仪法两种方法测试，《公路土工试验规程》（JTG 3430—2020）中未对土体静止侧压力系数 $k_0$ 的试验方法作明确规定，一般通过《土工试验方法标准》（GB/T 50123—2019）第28章试验获取，也可以采用原位测试扁铲侧胀试验方法确定。此外，还可以采用经验公式推算，对于一般固结土：$k_0 = 1 - \sin\varphi'$（黏性土），$k_0 = 0.95 - \sin\varphi'$（砂性土），其中$\varphi'$为有效内摩擦角；对于超固结土：$k_0' = (1 - \sin\varphi')(OCR)^{\sin\varphi'}$，其中 $OCR$ 为超固结比。

基床系数是沉管隧道工程设计中的重要岩土参数之一，其数值准确性关系到工程的安全性与经济性。基床系数分为竖向基床系数、水平基床系数，室内试验常采用三轴试验或固结试验，但受取样过程中的卸载、运输及试样尺寸等因素影响，往往存在一定误差，因此现场载荷试验是非常重要的。一般竖向基床系数通过平板载荷试验确定，承压板形状为方形，边长为30.5cm；水平基床系数采用水平载荷试验结合当地经验综合确定。

**5.3.11** 原位测试应符合下列规定：

1 黏性土、粉土、砂土应做标准贯入试验，碎石土应做圆锥动力触探试验，全风化、强风化岩应做标准贯入试验或圆锥动力触探试验，试验间距宜为1.5～2.0m；需进行砂土液化判别段，标准贯入试验间距应为1.0～1.5m。

2 软土、黏性土、粉土、砂土宜做静力触探试验、旁压试验或扁铲侧胀试验，其中静力触探试验孔5m范围内宜有钻孔进行对比，对比钻孔数量不宜少于静力触探孔的

1/10。

3　软土应做十字板剪切试验，试验间距宜为1.0m。

4　应选择代表性钻孔进行剪切波测试，评价场地土类型和场地类别。

5　盾构隧道、钻爆隧道应进行岩体纵波波速测试，评价围岩完整性。

6　采用冻结手段辅助施工时，应选择代表性钻孔进行地温测试。

7　基床系数宜采用载荷试验确定。缺少试验资料时，可按本规程附录L结合当地工程经验选用；复杂地基宜进行专题研究。

**条文说明**

2　港珠澳大桥、深中通道等工程采用孔压静力触探仪（CPTU），利用超孔隙水压力的变化，在辅助土层的精细化划分方面取得了较好的效果。

**5.3.12**　围岩分级应符合现行《公路工程地质勘察规范》（JTG C20）的有关规定。

**5.3.13**　涌水量计算所需岩土层的渗透系数应通过现场水文地质试验确定，水文地质试验应符合本规程第3.8节的有关规定。

**5.3.14**　遇到下列情况时，宜进行专项勘察：

1　高压输油、输气管线，国防电缆、光缆等地下管线较多，且邻近环境条件复杂。

2　存在岩溶发育、大型断裂破碎带或风化深槽等对隧道工程有严重影响的复杂地质体。

3　水文地质条件复杂。

**5.3.15**　隧道初勘工点报告应包括下列内容：

1　文字说明应包括下列内容：

1）阐述隧道工程概况、勘察方法及工作量布置情况、勘察过程、既有资料利用情况、岩土参数确定方法和依据、自然地理概况、工程地质条件等。

2）分析地下水类型、赋存、补给、径流、排泄条件，地下水位及其变化幅度，地层的透水及隔水性质，地下水的腐蚀性；分析地下水对工程结构的影响，对需要采取抗浮措施的，提出抗浮设防水位的建议。

3）进行土、石工程分级，提出隧道设计所需的岩土物理力学参数。

4）评价隧道工程建设场地的稳定性和适宜性。

5）分析评价隧道施工可能存在的地质风险、隧道施工与周边环境的相互影响。

6）提出下阶段勘察工作建议。

7）提供专项勘察资料。

8）除上述资料外，根据工法差异按表5.3.15提供文字说明。

**表 5.3.15　各工法隧道初勘需提供的文字说明**

| 隧道工法 | 文字说明内容 |
| --- | --- |
| 沉管隧道 | 1. 阐述水体深度、水面高程及其变化幅度等相关内容。<br>2. 提供砂土水下休止角、水下开挖边坡坡角。<br>3. 阐述基槽影响范围内地层分布及有关不良地质，评价其对基槽施工可能产生的各种影响，并提出相应的防治措施；评价基槽的稳定性，确定隧道开挖范围内的土、石可挖性等级。<br>4. 评价地基土的均匀性，提出软弱地基土处理方案的建议 |
| 盾构隧道 | 1. 阐述基岩起伏面、软硬不均岩土层及水下障碍物分布情况。<br>2. 分析地层条件，划分围岩分级。<br>3. 预测隧道盾构工作井、联络通道的涌水量。<br>4. 分析不良地质及特殊岩土可能引起的施工风险，并提出控制措施建议。<br>5. 提出盾构工作井端头及联络通道岩土加固方法的建议 |
| 钻爆隧道 | 1. 分析地层条件，划分围岩分级，提出隧道初期支护形式的建议。<br>2. 预测隧道涌水量。<br>3. 分析不良地质及特殊岩土可能引起的施工风险，并提出控制措施建议。<br>4. 提出开挖方法、大型开挖设备选型及辅助施工措施的建议 |
| 堰筑隧道 | 1. 评价海上围堰、止水围护结构稳定性，提供基坑支护设计、施工所需的岩土及水文地质参数，估算地基承载力，提出地基加固方案的建议。<br>2. 预测基坑涌水量。<br>3. 分析基坑支护设计、施工需重点关注的工程地质问题 |

2　图表资料应包括下列内容：

1）隧址区工程地质平面图：比例尺 1∶2 000～1∶10 000；

2）水文地质平面图：比例尺 1∶2 000～1∶10 000；

3）工程地质纵断面图：水平比例尺 1∶2 000，垂直比例尺 1∶100～1∶500；

4）工程地质横断面图：水平比例尺 1∶100～1∶200，垂直比例尺 1∶100～1∶200；

5）钻孔柱状图：比例尺 1∶50～1∶200；

6）原位测试成果图表、室内试验成果图表、水文地质试验图表、岩土试验成果分层统计表等；

7）其他资料：岩芯照片，原位测试、水文地质试验、封孔过程的工作照片等。

## 5.4　人工岛

**5.4.1**　人工岛初勘应根据现场海域地形地质条件，结合人工岛总平面图布置、构筑物结构、基础形式、施工方法等确定勘察方案。人工岛初勘应包括下列工作内容：

1　收集与人工岛工程建设有关的气象、水文、区域地质等资料。

2　收集海底地形、海床冲刷和淤积、海床稳定性、既有工程勘察设计等资料。

3　收集、核查水下障碍物及管线分布资料。

4　基本查明地貌的成因、类型、形态特征和水下岸坡的稳定状况。

5　基本查明覆盖层的厚度、土质类型、分布范围、地层结构、密实度。

6　基本查明基岩的埋深、起伏形态、地层及其岩性组合、岩石的风化程度及完整性。

7　基本查明不良地质和特殊性岩土的类型、分布及性质。

8　基本查明岩土的物理力学性质，提供工程设计所需的岩土物理力学参数。

9　基本查明地表水及地下水的类型、分布、水质、水位和腐蚀性。

10　划分场地土类型和场地类别，评价地震效应、场地稳定性和适宜性。

11　分析评价岛内区、岛壁区、人工岛基坑主要的工程地质问题，提出基坑开挖及支护、地基基础的措施建议。

12　提出人工岛填筑材料来源及填筑方式的建议。

**5.4.2**　人工岛工程应进行 1：2 000 工程地质调绘，调绘范围应包括人工岛及其外侧不小于200m 区域。

**5.4.3**　物探测线应按网格状布置，测线间距宜为 50 ~ 100m，工程地质条件复杂地段可适当加密。

**5.4.4**　勘探测试孔布置应符合下列规定：

1　勘探测试孔应结合工可资料，根据人工岛的类型、规模和场地地质条件布置。

2　岛壁区应沿岛壁结构的轴线和平行岛壁结构轴线的临海一侧各布置一条勘探断面，勘探断面的间距宜为 40 ~ 60m，其上的勘探测试孔间距宜为 100 ~ 200m。

3　岛内区勘探断面应按网格状布置，其间距宜为 100 ~ 300m，勘探测试孔宜布置在网格节点处。

4　岛内桥梁、隧道的勘探测试孔布置应分别符合本规程第 5.2.5 条、第 5.3.8 条的有关规定。

**条文说明**

2　本款根据《水运工程岩土勘察规范》（JTS 133—2013），结合港珠澳大桥和深中通道人工岛的工程经验制定。公路跨海通道人工岛一般修建在水深小于 15m 的海域，港珠澳大桥东人工岛水深 12m，西人工岛水深 10m，岛壁外侧边坡综合坡率（含各级边坡坡率及平台宽度）一般小于 1：3。为满足岛壁区外侧边坡稳定性计算要求，岛壁区两条勘探纵断面间距按 40 ~ 60m 控制。

**5.4.5**　勘探测试孔深度应符合下列规定：

1　岛壁区勘探测试孔深度应符合下列规定：

1）覆盖层较薄时，勘探测试孔深度钻入强风化基岩内不应小于 3m。

2）覆盖层较厚时，勘探测试孔深度宜为 30～40m。遇密实砂层时，钻入密实砂层内不应小于 10m；遇密实碎石土时，钻入密实碎石土内不应小于 3m；遇坚硬黏性土时，钻入坚硬黏性土层内不应小于 10m。在预计深度内遇软弱地层时，穿过软弱地层并钻入标贯击数大于 15 击地层内不应小于 5m。

2　岛内区勘探测试孔深度宜为 30～40m。在预计深度内遇有中高压缩性地层时，穿过中高压缩性地层钻入低压缩性地层内不应小于 5m；在预计深度内遇强风化基岩时，钻入强风化基岩内不应小于 3m。

3　岛上桥梁、隧道勘探测试孔深度应分别符合本规程第 5.2.6 条、第 5.3.9 条的有关规定。

**5.4.6**　取样与试验应符合下列规定：

1　粉土、黏性土地层应取原状样，取样间距宜为 1.5～2.0m；土层变化时应取样。

2　砂土和碎石土地层应分层采取扰动样，取样间距宜为 2.0～3.0m；土层变化时应取样。

3　应根据岩石的风化等级，分层采取代表性岩样。

4　在高平潮、低平潮时应采取代表性海水样，每组样品数不宜少于 2 个。

5　钻孔内应采取代表性地下水样，每组样品数不宜少于 2 个。

6　人工岛初勘室内试验测试项目可按表 5.4.6 选用。

**表 5.4.6　人工岛初勘室内试验测试项目**

| 测试项目 | | 岩土类别 | | | | | |
|---|---|---|---|---|---|---|---|
| | | 软土 | 一般黏性土 | 粉土 | 砂土 | 碎石土 | 岩石 |
| 颗粒分析 | | + | + | + | + | + | |
| 天然含水率 $w$（%） | | + | + | + | （+） | （+） | |
| 密度 $\rho$（$g/cm^3$） | | + | + | + | （+） | （+） | |
| 塑限 $w_P$（%） | | + | + | + | | | |
| 液限 $w_L$（%） | | + | + | + | | | |
| 有机质含量 $W_u$（%） | | + | | | | | |
| 静止侧压力系数 $k_0$ | | + | + | | | | |
| 渗透系数 $k$（cm/s） | | + | + | + | + | | |
| 固结试验 | 压缩系数 $\alpha$（$MPa^{-1}$） | + | + | + | | | |
| | 压缩模量 $E_s$（MPa） | + | + | + | | | |
| | 压缩指数 $C_c$ | + | + | | | | |
| | 回弹指数 $C_s$ | + | + | | | | |
| | 固结系数 $C_h$、$C_v$（$cm^2/s$） | + | + | （+） | | | |
| | 次固结系数 $C_\alpha$ | + | | | | | |
| | 前期固结压力 $p_c$（kPa） | + | + | | | | |

续表 5.4.6

| 测试项目 | | 岩土类别 | | | | | |
|---|---|---|---|---|---|---|---|
| | | 软土 | 一般黏性土 | 粉土 | 砂土 | 碎石土 | 岩石 |
| 无侧限抗压强度 $q_u$（灵敏度 $S_t$） | | + | + | | | | |
| 直接剪切试验 | 黏聚力 $c$（kPa） | + | + | + | (+) | (+) | |
| | 内摩擦角 $\varphi$（°） | + | + | + | (+) | (+) | |
| 三轴剪切试验 | 黏聚力 $c_{uu}$、$c_{cu}$（kPa） | + | + | + | | | |
| | 内摩擦角 $\varphi_{uu}$、$\varphi_{cu}$（°） | + | + | + | | | |
| 单轴饱和抗压强度 $R_c$（MPa） | | | | | | | + |

注：+为必做项目；(+) 为选做项目。

7 设计有特殊要求时，应根据工程需要确定试验项目。

**5.4.7** 应根据地基岩土类型、性质和人工岛的基础形式选择原位测试方法，并应符合下列规定：

1 黏性土、粉土、砂土应做标准贯入试验，碎石土应做圆锥动力触探试验，全风化、强风化岩应做标准贯入试验或圆锥动力触探试验，试验间距宜为 1.5 ~ 2.0m；需进行砂土液化判别段，标准贯入试验间距应为 1.0 ~ 1.5m。

2 软土、黏性土、粉土、砂土宜做静力触探试验。

3 软土应做十字板剪切试验，试验间距宜为 1.0m。

4 应选择代表性钻孔进行剪切波测试，评价场地土类型和场地类别。

**5.4.8** 人工岛初勘工点报告应包括下列内容：

1 文字说明应包括下列内容：

1）阐述人工岛工程概况、勘察方法及工作量布置情况、勘察过程、既有资料利用情况、岩土参数确定方法和依据、自然地理概况、工程地质条件等。

2）评价工程场区的覆盖层厚度、中微风化基岩埋深、不良地质和特殊性岩土发育及其对工程的影响。

3）提出岛壁区基础形式、持力层及地基处理等建议。

4）提出岛内区地基处理建议。

5）提出人工岛基坑支护措施、填料来源及填筑方式等建议。

6）提出下阶段勘察工作建议。

2 图表资料应包括下列内容：

1）工程地质平面图：比例尺 1 : 2 000 ~ 1 : 5 000；

2）工程地质断（剖）面图：水平比例尺 1 : 1 000 ~ 1 : 2 000，垂直比例尺 1 : 100 ~ 1 : 500；

3）钻孔柱状图：比例尺 1 : 50 ~ 1 : 200；

4）原位测试成果图表、室内试验成果图表、水文地质试验图表、岩土试验成果分层统计表等；

5）其他资料：岩芯照片，原位测试、水文地质试验的工作照片等。

## 5.5 临时工程

**5.5.1** 临时工程初勘应根据总平面布置图、构筑物结构和基础形式、施工方法等确定勘察方案。临时工程初勘应包括下列工作内容：

1 收集与工程建设有关的气象、水文、区域地质等资料。

2 收集海底地形、海床冲刷和淤积、海床稳定性、既有工程勘察设计等资料。

3 收集、核查水下障碍物及管线分布资料。

4 基本查明地貌的成因、类型、形态特征和岸坡的稳定状况。

5 基本查明覆盖层的厚度、土质类型、分布范围、地层结构、密实度。

6 基本查明基岩的埋深、起伏形态、地层及其岩性组合、岩石的风化程度及完整性。

7 基本查明不良地质和特殊性岩土的类型、分布及性质。

8 基本查明岩土的物理力学性质，提供工程设计所需的岩土物理力学参数。

9 基本查明地表水及地下水的类型、分布、水质、水位和腐蚀性。

10 划分场地土类型和场地类别，评价地震效应、场地稳定性和适宜性。

11 分析评价临时工程施工可能遇到的工程地质问题及施工对周边环境的影响。

12 分析评价预制厂深坞区基坑开挖可能发生的问题，并提出支护措施建议。

**5.5.2** 临时工程应进行 1：2 000 工程地质调绘，调绘范围应包括临时工程构筑物外侧不小于 100m 区域。

**5.5.3** 临时航道应沿轴线方向布置物探测线，测线间距宜为 50～100m，并应在垂直测线方向布置检查测线，检查测线数量不宜少于 3 条。

**5.5.4** 勘探测试孔布置应符合下列规定：

1 勘探测试孔应结合工可资料，根据临时工程的类型、规模和场地地质条件布置。

2 预制厂勘探测试孔布置应符合下列规定：

1）深坞区基坑工程勘探测试孔应沿基坑周边布置，并应根据开挖深度及场地的工程地质条件在开挖边界外按开挖深度的 2～3 倍范围布置，勘探测试孔间距宜为 50～100m。

2）深坞区坞口应布置 1 条勘探断面，其上的勘探测试点个数宜为 3～5 个。

3）深坞区坞室勘探断面应按网格状布置，其间距宜为 100～200m，勘探测试孔宜布置在网格节点处。

4）预制台勘探断面应沿构筑物长轴方向布置，其间距宜为 25～50m，其上的勘探测试点间距宜为30～50m。

5）堆场区勘探断面应沿堆料长轴方向布置，其间距宜为50～150m，其上的勘探测试点间距宜为75～150m。

3　其他临时工程勘探断面应平行于建筑物长轴方向布置，岸坡地带应适当加密。

4　勘探断面及勘探测试孔布置原则宜符合表5.5.4的规定。

**表5.5.4　勘探断面及勘探测试孔布置原则**

| 工程类别 | 勘探断面布置 | 勘探测试孔布置 |
| --- | --- | --- |
| 临时码头 | 基础置于覆盖层内时，沿码头长轴方向宜布置勘探断面2～4条；基础置于基岩风化层时，沿码头长轴方向宜布置勘探断面3～5条 | 基础置于覆盖层内时，勘探测试孔间距宜为75～200m；基础置于基岩风化层时，勘探测试孔间距宜为40～100m |
| 临时航道 | 疏浚土为覆盖层时，沿航道长轴方向宜布置勘探断面1～3条；疏浚土为基岩风化层时，沿航道长轴方向宜布置勘探断面，断面间距宜为50～100m | 疏浚对象为基岩时，勘探测试孔间距宜为50～100m；疏浚对象为覆盖层时，勘探测试孔间距宜为100～500m |
| 固定平台 | 宜布置勘探纵断面1～2条，横断面1～2条 | 50～100m |
| 栈桥 | 沿栈桥中心线宜布置勘探断面1条 | 100～150m |

注：工程地质条件简单时，勘探断面条数取小值，勘探断面间距取大值，勘探测试点间距取大值；工程地质条件复杂时，勘探断面条数取大值，勘探断面间距取小值，勘探测试点间距取小值。

**5.5.5**　勘探测试孔深度应符合下列规定：

1　预制厂深坞区勘探测试孔应按2～3倍开挖深度确定。在此深度内遇中风化基岩时，钻入坞底以下中风化基岩内5～8m；在此深度内遇软土或地下水控制需要时，应穿过软土层及对工程有影响的透（含）水层，并应满足稳定分析、降水设计、支护结构设计等要求。

2　预制厂预制台勘探测试孔深度宜为60～80m。在预计深度内遇密实砂层时，钻入密实砂层内不应小于15m；遇密实碎石土时，钻入密实碎石土内不应小于8m；遇坚硬黏性土时，钻入坚硬黏性土层内不应小于15m；遇强风化基岩时，钻入强风化基岩内不应小于5m。在预计深度内遇软弱地层时，穿过软弱地层并钻入标贯击数大于30击地层内不应小于5m。

3　预制厂堆场区勘探测试孔深度宜为30～40m。在预计深度内遇密实砂层时，钻入密实砂层内不应小于10m；遇密实碎石土时，钻入密实碎石土内不应小于3m；遇坚硬黏性土时，钻入坚硬黏性土层内不应小于10m；遇强风化基岩时，钻入强风化基岩内不应小于3m。在预计深度内遇软弱地层时，穿过软弱地层并钻入标贯击数大于15击地层内不应小于5m。

4　万吨级临时码头勘探测试孔深度宜为55～65m，千吨级临时码头勘探测试孔深度宜为35～45m；固定平台和栈桥勘探测试孔深度宜为30～40m。在预计深度内遇密实砂层时，钻入密实砂层内不应小于15m；遇密实碎石土时，钻入密实碎石土内不应小于8m；遇坚硬黏性土时，钻入坚硬黏性土层内不应小于15m；遇强风化基岩时，钻入强风化基岩内不应小于5m。在预计深度内遇软弱地层时，穿过软弱地层并钻入标贯击数大于30击地层内不应小于5m。

5　临时航道勘探测试孔深度应钻入航道设计高程以下2～3m。

**5.5.6**　取样与试验应符合下列规定：

1　粉土、黏性土地层应取原状样，取样间距宜为1.5～2.0m；土层变化时应取样。

2　砂土和碎石土地层应分层采取扰动样，取样间距宜为2.0～3.0m；土层变化时应取样。

3　应根据岩石的风化等级，分层采取代表性岩样。

4　高平潮、低平潮时应采取代表性海水样，每组样品数不宜少于2个。

5　预制厂初勘，临时码头、固定平台、栈桥初勘，航道初勘室内试验测试项目可按表5.5.6-1～表5.5.6-3选用。

**表5.5.6-1　预制厂初勘室内试验测试项目**

| 测试项目 | | 岩土类别 | | | | |
|---|---|---|---|---|---|---|
| | | 黏性土 | 粉土 | 砂土 | 碎石土 | 岩石 |
| 颗粒分析 | | + | + | + | + | |
| 天然含水率 $w$（%） | | + | + | （+） | （+） | |
| 密度 $\rho$（g/cm$^3$） | | + | + | （+） | （+） | |
| 塑限 $w_P$（%） | | + | + | | | |
| 液限 $w_L$（%） | | + | + | | | |
| 渗透系数 $k$（cm/s） | | + | + | + | | |
| 静止侧压力系数 $k_0$ | | + | + | | | |
| 固结试验 | 压缩系数 $\alpha$（MPa$^{-1}$） | + | + | | | |
| | 压缩模量 $E_s$（MPa） | + | + | | | |
| | 压缩指数 $C_c$ | （+） | | | | |
| | 前期固结压力 $p_c$（kPa） | （+） | | | | |
| 无侧限抗压强度 $q_u$（灵敏度 $S_t$） | | + | | | | |
| 直接剪切试验 | 黏聚力 $c$（kPa） | + | + | （+） | （+） | |
| | 内摩擦角 $\varphi$（°） | + | + | （+） | （+） | |
| 三轴剪切试验 | 黏聚力 $c_{uu}$、$c_{cu}$（kPa） | + | + | | | |
| | 内摩擦角 $\varphi_{uu}$、$\varphi_{cu}$（°） | + | + | | | |
| 基床系数 $K$ | | + | + | + | + | + |
| 单轴饱和抗压强度 $R_c$（MPa） | | | | | | + |

注：+为必做项目；（+）为选做项目。

表 5.5.6-2　临时码头、固定平台、栈桥初勘室内试验测试项目

| 测试项目 | | 岩土类别 | | | | |
|---|---|---|---|---|---|---|
| | | 黏性土 | 粉土 | 砂土 | 碎石土 | 岩石 |
| 颗粒分析 | | + | + | + | + | |
| 天然含水率 $w$（%） | | + | + | (+) | (+) | |
| 密度 $\rho$（$g/cm^3$） | | + | + | (+) | (+) | |
| 塑限 $w_P$（%） | | + | + | | | |
| 液限 $w_L$（%） | | + | + | | | |
| 固结试验 | 压缩系数 $\alpha$（$MPa^{-1}$） | + | + | | | |
| | 压缩模量 $E_s$（MPa） | + | + | | | |
| | 压缩指数 $C_c$ | (+) | | | | |
| | 前期固结压力 $p_c$（kPa） | (+) | | | | |
| 直接剪切试验 | 黏聚力 $c$（kPa） | + | + | (+) | (+) | |
| | 内摩擦角 $\varphi$（°） | + | + | (+) | (+) | |
| 单轴饱和抗压强度 $R_c$（MPa） | | | | | | + |

注：+为必做项目；(+)为选做项目。

表 5.5.6-3　航道初勘室内试验测试项目

| 测试项目 | | 岩土类别 | | | | |
|---|---|---|---|---|---|---|
| | | 黏性土 | 粉土 | 砂土 | 碎石土 | 岩石 |
| 颗粒分析 | | + | + | + | + | |
| 天然含水率 $w$（%） | | + | + | (+) | (+) | |
| 密度 $\rho$（$g/cm^3$） | | + | + | (+) | (+) | |
| 塑限 $w_P$（%） | | + | + | | | |
| 液限 $w_L$（%） | | + | + | | | |
| 附着力 $F$（$g/cm^2$） | | + | | | | |
| 直接剪切试验 | 黏聚力 $c$（kPa） | + | + | (+) | (+) | |
| | 内摩擦角 $\varphi$（°） | + | + | (+) | (+) | |
| 单轴饱和抗压强度 $R_c$（MPa） | | | | | | + |

注：+为必做项目；(+)为选做项目。

6　设计有特殊要求时，应根据工程需要确定试验项目。

**5.5.7**　临时工程原位测试应根据岩土类型、性质和基础形式选择原位测试方法，并应符合下列规定：

1　黏性土、粉土、砂土应做标准贯入试验，碎石土应做圆锥动力触探试验，全风化、强风化岩应做标准贯入试验或圆锥动力触探试验，试验间距宜为1.5～2.0m；需进行砂土液化判别段，标准贯入试验间距应为1.0～1.5m。

2　软土、黏性土、粉土、砂土宜做静力触探试验。

3　软土应做十字板剪切试验，试验间距宜为1.0m。

4　应选择代表性钻孔进行剪切波测试，评价场地土类型和场地类别。

**5.5.8**　预制厂深坞区涉及降水施工的部位，应进行水文地质试验，试验方法应符合本规程第3.8节的有关规定。

**5.5.9**　临时航道疏浚工程土、石分级应按本规程附录M确定。

**5.5.10**　临时工程初勘工点报告应包括下列内容：

1　文字说明应包括下列内容：

1）阐述临时工程概况、勘察方法及工作量布置情况、勘察过程、既有资料利用情况、岩土参数确定方法和依据、自然地理概况、工程地质条件等。

2）评价工程场区的覆盖层厚度、中微风化基岩埋深、不良地质和特殊性岩土发育情况及其对工程的影响。

3）对预制厂深坞区开挖的土、石进行工程分级，分析评价开挖边坡的稳定性、基坑开挖涌水量等；提出深坞区、预制台和堆场区基础形式、持力层和地基处理等建议。

4）提出临时码头、固定平台、栈桥基础形式及持力层建议。

5）对临时航道的疏浚土、石进行工程分级，分析评价疏浚边坡的稳定性。

2　图表资料应包括下列内容：

1）工程地质平面图：比例尺1∶2 000～1∶5 000；

2）工程地质断（剖）面图：水平比例尺1∶1 000～1∶2 000，垂直比例尺1∶100～1∶500；

3）钻孔柱状图：比例尺1∶50～1∶200；

4）原位测试成果图表、室内试验成果图表、水文地质试验图表、岩土试验成果分层统计表等；

5）其他资料：岩芯照片，原位测试、水文地质试验工作照片等。

## 5.6　料场

**5.6.1**　陆域料场初勘应符合现行《公路工程地质勘察规范》（JTG C20）的有关规定。

**5.6.2**　海域取砂场初勘应符合下列规定：

1　应充分利用既有资料，通过物探、钻探、原位测试等勘探手段，查明取砂场可用砂层的性质、分布、储量及开采条件。

2　海域取砂场储量宜根据勘探成果综合分析确定。

3　海域取砂场物探应在取砂场范围内按网格状布置物探测线，测线间距宜为

100～200m。

4 勘探测试孔应在取砂场范围内按网格状布置，勘探测试孔间距宜为200～400m，勘探深度应揭穿取砂层。

5 钻孔取样间距宜为1.0～2.0m，每层取样组数不应少于6组。

6 试验项目应包括颗粒分析、含泥量、针片状颗粒含量、软弱颗粒含量、碱活性、腐蚀性、水上水下休止角等。

**5.6.3** 海域取砂场开采条件应包括下列内容：

1 取砂场工作面的范围，有用砂层和覆盖层的深度、厚度；

2 取砂场区的水深、潮汐等；

3 取砂场开采的主要地质问题。

**5.6.4** 取砂场初勘应调查运输距离、运输方式。

**5.6.5** 海域取砂场初勘工点报告应包括下列内容：

1 文字说明应包括下列内容：

1）阐述海域取砂场自然地理概况、勘察方法及工作量布置情况、勘察过程和工程地质条件。

2）评价海域取砂场质量、储量、开采条件和运输条件。

3）评价取砂场地适宜性，提出取砂场开采建议。

2 图表资料应包括下列内容：

1）取砂场工程地质平面图：比例尺1：2 000～1：5 000；

2）工程地质剖面图：水平比例尺1：100～1：200，垂直比例尺1：200～1：500；

3）钻孔柱状图：比例尺1：50～1：200；

4）原位测试成果图表、室内试验成果图表、岩土试验成果分层统计表等；

5）储量计算表；

6）其他资料：岩芯照片、原位测试工作照片等。

# 6　详细勘察

## 6.1　一般规定

**6.1.1**　详细勘察应依据初步设计确定的工程方案，有针对性地详细查明拟建构筑物所处场地的工程地质条件，为施工图文件的编制提供工程地质资料。

**6.1.2**　详细勘察应充分利用初勘取得的地质资料，采用以钻探、原位测试和室内试验为主，物探手段为辅的综合勘察方法。

## 6.2　桥梁

**6.2.1**　桥梁详勘应根据地质条件复杂程度、前期勘察成果和桥型、桥跨、基础类型等确定勘察方案，查明桥址工程地质条件，其内容应符合本规程第 5.2.1 条的有关规定。

**6.2.2**　详勘阶段工程地质调绘比例尺不应小于 1∶2 000，桥梁主墩、锚碇等重要部位或地形变化较大地段宜按 1∶500 ~ 1∶1 000 加强加深调绘工作。

**6.2.3**　主桥钻孔布置应符合下列规定：

1　桩基础应根据地质条件在墩台范围内均匀布孔，钻孔宜布置在桩位或墩中心，基础按方形布置时角桩应有钻孔控制。

1）采用摩擦桩时，钻孔间距宜控制在 20 ~ 35m；地质情况复杂时，可适当加密钻孔。

2）采用嵌岩桩时，钻孔间距宜控制在 10 ~ 20m，需进行稳定性分析的墩位，墩台范围外应增加钻孔；当相邻两孔之间岩性变化较大或中风化、微风化岩岩面坡度大于 30% 时，应适当加密钻孔。

2　沉井基础、锚碇基础或采用钢围堰施工的基础，应沿基础轮廓线按 15 ~ 25m 间距布孔，基础范围内宜按 20 ~ 30m 间距按网格状布孔；当中风化、微风化基岩面起伏变化较大或发现有大漂石、树干等障碍物时，应加密钻孔。

3　当有不良地质、特殊性岩土或基础设计施工需进一步探明地质情况时，可在基础轮廓线外围布孔或与原位测试、物探结合进行综合勘探。

**条文说明**

1 国内采用嵌岩桩的特大型桥梁主墩一般是隔桩布置钻孔，地质情况较简单时隔两桩布孔；《建筑桩基技术规范》（JGJ 94—2008）第3.2.2条规定：嵌岩桩钻孔布置主要根据桩端持力层顶面坡度确定，间距一般为12～24m。综上，本条规定：采用嵌岩桩的大跨径桥梁主墩钻孔间距取10～20m，地质条件简单时取大值，地质条件复杂时取小值。

一般情况下，相邻两个勘探点揭示的桩端持力层坡度大于10%或地层分布复杂时，需根据具体工程条件适当加密勘探点，但花岗岩地区中风化或微风化岩面一般起伏较大，此条在现场执行难度较大，工作量增加较多，故本规程将岩面坡度定为30%。

**6.2.4** 引桥钻孔数量应符合下列规定：

1 工程地质条件简单地段，每个墩台宜布置1个钻孔；跨度超过60m或工程地质条件较复杂地段，每个墩台钻孔数量不宜少于2个。

2 岩溶、断裂带或软弱夹层等不良地质或地质条件复杂地段，应根据现场地质条件及基础工程设计要求确定每个墩台的钻孔数量。

**6.2.5** 钻孔深度应符合下列规定：

1 钻孔深度控制原则应符合表6.2.5的规定。

**表6.2.5 钻孔深度控制原则**

| 基础类型 | | 钻孔深度控制原则 |
|---|---|---|
| 桩基础 | 摩擦桩 | 1. 孔深钻至预计桩端以下3～5*d*（*d*为桩径）且不应小于8m；在此深度以下有软弱地层发育时，穿过软弱地层至坚硬土层不应小于5m。<br>2. 除满足第1条外，应有1/3钻孔孔深满足沉降计算要求 |
| | 嵌岩桩 | 孔深钻至预计桩端以下3～5*d*（*d*为桩径）且不应小于8m；预计孔深内遇溶洞、断裂带或软弱夹层时，钻穿并进入稳定基岩不应小于5m |
| 锚碇基础 | 重力锚 | 孔深钻至基础底面以下不应少于1.5倍基础埋深，并满足沉降计算要求；预计开挖深度范围内遇基岩时，钻入基坑底板以下不应小于5m |
| | 隧道锚 | 孔深钻至锚塞体以下不应少于1倍洞径，并应满足隧道锚抗拔分析需要；预计孔深内遇溶洞、断裂带或软弱夹层时，予以穿过并进入完整岩石不应小于5m |
| 沉井基础 | | 孔深应钻至刃脚以下0.5～1.0倍沉井直径（宽度），并应满足沉降计算要求 |
| 明挖扩大基础 | | 应满足稳定性分析需求 |

2 地质条件特别复杂的深水、大跨径桥梁基础，钻孔深度应按设计要求进行专题研究后确定。

**6.2.6** 取样与试验应符合下列规定：

1 墩台布置1个钻孔时应取样。

2　墩台或锚碇布置2个以上钻孔时，取样孔数不应少于布置钻孔数的1/2。

3　取样间距、类型及室内试验测试项目应符合本规程第5.2.7条的有关规定。

**6.2.7**　原位测试应符合下列规定：

1　原位测试孔数不应少于钻孔总数的1/2，原位测试方法及要求应符合本规程第5.2.8条的有关规定。

2　第四系地层发育、采用摩擦桩或沉井基础时，应进行静力触探试验，每个地貌单元内的静探孔数不宜少于3个。

**6.2.8**　当地层含有承压水时，应进行观测；基础施工涉及基坑降水时，应进行抽水试验。

**6.2.9**　对锚碇宜开展专题研究，并应符合下列规定：

1　对隧道锚宜进行硐探或定向钻，并开展岩体原位剪切试验、井内物探等工作。

2　对重力锚宜进行现场剪切试验、载荷试验等，岩溶发育区还应结合地质雷达、跨孔CT等物探手段查明岩溶发育状况及规律。

**6.2.10**　桥梁详勘工点报告除应符合本规程第5.2.10条的有关规定外，尚应包括下列内容：

1　桩基工程评价应包括下列内容：

1）桩基的适宜性；

2）各墩（台）的地质情况，可选桩基类型及桩端持力层的建议；

3）桩基设计与施工所需的岩土参数；

4）倾斜基岩面上桩基的稳定性及防护措施建议；

5）桩基施工过程中的环境影响及建议；

6）强震区桥梁抗震的有关参数、液化判定结果和建议。

2　特殊结构桥梁文字说明应重点突出下列内容：

1）论述大跨径梁桥主墩、斜拉桥的桥塔、悬索桥的桥塔及锚碇基础、沉井的工程地质条件，评价地基的稳定性和基础的适宜性。

2）提供悬索桥锚碇区岩土物理力学性质、基岩埋深、岩性、风化程度、节理裂隙发育状况、岩体完整性、各主要含水层的渗透性及涌水量等成果资料。

3）评价岩体卸荷带、不利结构面组合、岩溶发育等的分布规律及其对锚碇基础的影响。

4）提供隧道锚岩体结构面发育及其组合关系、岩体及结构面抗剪参数；提出锚塞体埋置深度建议；对隧道锚围岩进行分级，评价隧道锚岸坡稳定性。

5）提供重力锚岩层产状及结构面组合关系，提出岩土体抗剪参数；提出基坑支护设计和基坑降水方案建议和措施；评价重力锚基坑的边坡稳定性、地基的稳定性和均匀性。

6）分段统计主塔、锚碇、过渡墩、辅助墩、两侧引桥等各岩土层的物理力学指标，提供地基沉降变形及基坑稳定性等计算参数。

7）分析评价桥梁施工过程中的地质风险及对周边环境的影响，并提出相应的工程建议。

3 说明专题研究报告的利用情况。

4 在初勘成果的基础上补充和完善工程地质图表，宜按墩台提供墩台断（剖）面图、基岩风化面等高线图等地质图件，比例尺为1∶50～1∶200。

## 6.3 隧道

**6.3.1** 隧道详勘应结合隧道类型、埋深、工法确定勘察方案，查明隧址区工程地质及水文地质条件，其内容应符合本规程第5.3.1～5.3.5条的有关规定。

**6.3.2** 隧道详勘应加深工程地质调绘工作，调绘的比例尺不应小于1∶2 000，重要地段宜按1∶500～1∶1 000调绘。

**6.3.3** 隧道详勘应按本规程附录N对场地条件复杂程度进行分级。

**6.3.4** 隧道详勘勘探测试孔的布置应符合下列规定：

1 隧道详勘勘探测试孔布置间距应符合表6.3.4的规定。

**表6.3.4 隧道详勘勘探测试孔布置间距**（m）

| 隧道工法 | 场地条件复杂程度 | | |
|---|---|---|---|
| | 简单 | 中等复杂 | 复杂 |
| 沉管隧道 | 50～60 | 30～50 | 20～30 |
| 盾构隧道 | 60～100 | 40～60 | 20～40 |
| 钻爆隧道 | 60～100 | 40～60 | 20～40 |
| 堰筑隧道 | 30～50 | 20～30 | 10～20 |

注：1. 表中勘探测试孔间距为投影距离。
2. 沉管隧道、堰筑隧道基坑宽度大于30m时，基坑中部宜布置勘探测试孔。
3. 盾构隧道、钻爆隧道的勘探测试孔交叉布置于隧道洞壁外侧5～10m处。
4. 遇岩溶、断裂、基岩凸起、球状风化、风化深槽、岩石软硬不均等对施工影响较大地段，应加密。

2 在隧道洞口、联络通道、工法变换等部位应布置横断面，每条横断面钻孔数量不应少于2个；工作井四周及外围应有勘探测试孔，其中钻孔数量不应少于勘探测试孔数量的1/2。

3 沉管隧道、堰筑隧道应布置横剖面，横剖面间距宜为20～30m，每个横剖面不应少于2个勘探测试孔。

**条文说明**

1　勘探测试孔间距在参考《公路工程地质勘察规范》（JTG C20—2011）、《公路水下隧道设计规范》（JTG/T 3371—2022）、《市政工程勘察规范》（CJJ 56—2012）及《城市轨道交通岩土工程勘察规范》（GB 50307—2012）的基础上，结合港珠澳大桥、深中通道、青岛胶州湾隧道、厦门海沧隧道等海域隧道工程勘察经验确定。

**6.3.5**　勘探深度应符合下列规定：

1　沉管隧道勘探深度在覆盖层中不应小于隧道底板以下2.5倍管节高度，并应满足变形计算要求；隧道底板以下遇中风化基岩时，深度可减少至1.0倍管节高度。

2　盾构隧道、钻爆隧道勘探深度应达到结构底板以下2.0倍隧道高度或进入结构底板以下中风化基岩不应小于5m。

3　堰筑隧道勘探深度宜为开挖深度的2～3倍，在此深度内遇到坚硬黏性土或岩层时，可根据岩土类别和支护设计要求减少深度；需要降水设计时，应穿透对工程有影响的透（含）水层，并应满足稳定分析、地下水控制、支护结构设计等要求。

4　预计深度范围内存在岩溶、软弱地层时，勘探深度应适当加深。

**6.3.6**　取样与试验应符合本规程第5.3.10条的有关规定。盾构隧道、钻爆隧道应重点在隧底以下1倍至隧顶以上2～4倍隧高范围内采取岩、土试样。

**6.3.7**　原位测试应符合本规程第5.3.11条的有关规定。

**6.3.8**　当地层含有承压水时，应进行分层水位观测；施工涉及基坑降水时，宜进行现场水文地质试验，水文地质试验应符合本规程第3.8节的有关规定。

**6.3.9**　沉管隧道应对隧址区回淤强度进行专题研究。

**条文说明**

回淤强度是沉管法隧道管节沉放施工的重要安全影响因素。港珠澳大桥工程通过现场试挖槽试验专题研究，对隧址区回淤强度、回淤物性状及基槽边坡稳定性进行观测分析，并通过数值模拟进行回淤预测，为管节沉放施工及基槽设计提供了重要参数。

**6.3.10**　隧道详勘工点报告除应符合本规程第5.3.15条的有关规定外，尚应包括下列内容：

1　分段评价工程地质条件、水文地质，分段估算隧道涌水量，评价地下水对拟建工程的影响。

2　提出设计和施工中应注意的问题和建议；预测工程使用期可能发生的岩土工程问题，并提出监测和预防措施的建议。

3　评价沉管隧道隧址区回淤强度、水下基槽边坡稳定性，并提出后续工作建议。

4　提出盾构隧道、钻爆隧道超前地质预报的建议。

5　提出堰筑隧道围护结构方案的工程地质建议。

6　说明专题研究成果报告的利用情况。

7　在初勘成果的基础上补充和完善工程地质图表。

## 6.4　人工岛

**6.4.1**　人工岛详勘应根据人工岛岛壁结构与岛内构筑物结构和基础形式等确定勘察方案，查明人工岛场区的工程地质及水文地质条件，其内容应符合本规程第5.4.1条的有关规定。

**6.4.2**　人工岛详勘阶段应对初勘工程地质调绘资料进行核实。当人工岛位置偏离初步设计位置或地质条件需进一步查明时，应进行补充工程地质调绘，补充工程地质调绘的比例尺不应小于1：2 000。

**6.4.3**　勘探测试孔布置应符合下列规定：

1　勘探测试孔应在初勘的基础上，根据岛壁结构类型和工程地质评价的要求进行加密。

2　斜坡式岛壁结构应沿岛壁结构的轴线和平行岛壁结构轴线的临海一侧坡脚处各布置1条勘探断面，其上的勘探测试孔间距宜为50～100m。

3　插入式钢圆筒直立式岛壁结构，每个钢圆筒位置布置勘探测试孔不应少于2个；其他直立式岛壁结构，应沿轴线布置1条勘探断面，勘探测试孔间距宜为10～30m。

4　岛内区勘探断面应按网格状布置，其间距宜为50～100m，勘探测试孔宜在勘探断面的交汇处布置。

5　岛内桥梁、隧道的勘探测试孔布置应符合本规程第6.2.3条、第6.2.4条和第6.3.4条的有关规定。

**6.4.4**　勘探测试孔深度应根据基础类型和地质条件确定，并应符合下列规定：

1　岛壁区浅基础置于可塑～硬塑黏性土时，勘探测试孔深度钻至基础底面以下不应小于20m；置于坚硬黏性土时，勘探测试孔深度钻至基础底面以下不应小于10m；置于中密～密实砂土时，勘探测试孔深度钻至基础底面以下不应小于3m；置于中密～密实碎石土时，勘探测试孔深度钻至基础底面以下不应小于2m；置于强风化基岩时，勘探测试孔深度钻至基础底面以下不应小于1m。

2　岛壁区桩基础置于覆盖层内时，勘探测试孔深度应钻至桩端以下3～5$d$（$d$为桩径）且不应小于3m，对于大直径桩不应小于5m；置于强风化基岩时，勘探测试孔深度应钻至桩端以下2～3$d$。

3 岛内区勘探测试孔深度宜为30～40m。在预计深度内遇有中高压缩性地层时，穿过中高压缩性地层钻入低压缩性地层内不应小于5m；在预计深度内遇强风化基岩时，钻入强风化基岩内不应小于3m。

4 岛内桥梁、隧道的勘探测试孔深度应满足本规程第6.2.5条和第6.3.5条的有关规定。

**6.4.5** 取样和试验应符合本规程第5.4.6条的有关规定。

**6.4.6** 原位测试应符合本规程第5.4.7条的有关规定。

**6.4.7** 人工岛详勘工点报告除应符合本规程第5.4.8条的有关规定外，尚应包括下列内容：

1 提供所需的岩土参数。

2 提出设计和施工中应注意的问题和建议，并提出监测建议。

3 在初勘成果的基础上补充和完善工程地质图表。

## 6.5 临时工程

**6.5.1** 临时工程详勘应根据构筑物结构和基础形式制订勘察方案，查明临时工程场区的工程地质和水文地质条件，其内容应符合本规程第5.5.1条的有关规定。

**6.5.2** 临时工程详勘阶段应对初勘工程地质调绘资料进行核实。当临时位置偏离初步设计位置或地质条件需进一步查明时，应进行补充工程地质调绘，补充工程地质调绘的比例尺不应小于1：2 000。

**6.5.3** 勘探测试孔布置应符合下列规定：

1 勘探测试孔应在初勘的基础上，根据临时工程建筑物的结构类型和工程地质评价的要求进行加密。

2 预制厂勘探测试孔布置应符合下列规定：

1）深坞区基坑工程勘探测试孔应沿基坑周边布置，并应根据开挖深度及场地工程地质条件在开挖边界外按开挖深度的2～3倍范围布置，勘探测试孔间距宜为30～50m。

2）深坞区坞口应布置2～3条勘探断面，其上的勘探测试点个数宜为3～5个。

3）深坞区坞室勘探断面应按网格状布置，其间距宜为50～100m，勘探测试孔宜布置在网格节点处。

4）预制台勘探断面应沿轨道梁布置，其上的勘探测试点间距宜为15～30m。

5）堆场区勘探断面应沿堆料长轴方向布置，其间距宜为 50～75m，其上的勘探测试点间距宜为 50～75m。

3　其他临时工程勘探断面及勘探测试孔布置宜符合表 6.5.3 的规定。

**表 6.5.3　其他临时工程勘探断面及勘探测试孔布置**

| 工程类别 | | 勘探断面布置 | 勘探测试孔布置 |
|---|---|---|---|
| 临时码头 | 斜坡式 | 沿垂直轴线方向布置勘探断面。工程地质条件简单时，断面间距宜为 50～100m；工程地质条件较复杂～复杂时，断面间距宜为 30～50m | 工程地质条件简单时，勘探测试孔间距宜为 20～30m；工程地质条件较复杂～复杂时，勘探测试孔间距不宜大于 20m |
| | 高桩式 | 沿桩基长轴方向布置勘探断面。工程地质条件简单时，宜布置 1～2 条勘探断面；工程地质条件较复杂～复杂时，宜布置 2～3 条勘探断面 | 工程地质条件简单时，勘探测试孔间距宜为 30～50m；工程地质条件较复杂～复杂时，勘探测试孔间距宜为 15～25m |
| | 板桩式 | 沿垂直码头长轴方向布置勘探断面。工程地质条件简单时，断面间距宜为 50～75m；工程地质条件较复杂～复杂时，断面间距宜为 30～50m | 勘探测试孔间距宜为 10～20m |
| | 重力式 | 沿码头长轴方向布置勘探纵断面。工程地质条件简单时，宜布置 1 条勘探纵断面，勘探横断面间距宜为 40～75m；工程地质条件较复杂～复杂时，宜布置 2 条勘探纵断面，勘探横断面间距不宜大于 40m | 工程地质条件简单时，勘探纵断面勘探测试孔间距宜为 20～30m，勘探横断面勘探测试孔间距宜为 10～30m；工程地质条件较复杂～复杂时，勘探纵断面勘探测试孔间距不宜大于 20m，勘探横断面勘探测试孔间距宜为 10～20m |
| 栈桥 | | 沿栈桥中心线宜布置 1 条勘探断面 | 工程地质条件简单时，勘探测试孔间距宜为 30～50m；工程地质条件较复杂～复杂时，勘探测试孔间距宜为 15～25m |
| 固定平台 | | 沿桩基长轴方向布置勘探断面。工程地质条件简单时，宜布置 1～2 条勘探断面；工程地质条件较复杂～复杂时，宜布置 2～3 条勘探断面 | 工程地质条件简单时，勘探测试孔间距宜为 30～50m；工程地质条件较复杂～复杂时，勘探测试孔间距宜为 15～25m |
| 航道 | | 在初勘基础上宜适当加密 | |

**6.5.4**　勘探测试孔深度应根据基础类型和地基的地质条件确定，并应符合下列规定：

1　预制厂深坞区勘探测试孔深度应按 2～3 倍开挖深度确定，在此深度内遇中风化基岩时，应钻入坞底以下中风化基岩 5～8m；在此深度内遇软土或地下水控制需要时，应穿过软土层及对工程有影响的透（含）水层，并应满足稳定分析、降水设计、支护结构设计等要求。

2　预制厂预制台浅基础置于可塑～硬塑黏性土时，勘探测试孔深度钻至基础底面以下不应小于20m；置于坚硬黏性土时，勘探测试孔深度钻至基础底面以下不应小于10m；置于中密～密实砂土时，勘探测试孔深度钻至基础底面以下不应小于5m；置于中密～密实碎石土时，勘探测试孔深度钻至基础底面以下不应小于3m；置于强风化基岩时，勘探测试孔深度钻至基础底面以下不应小于1m。

3　预制厂堆场区浅基础勘探测试孔深度钻至压缩层底面以下不应小于3m。

4　斜坡式临时码头浅基础置于可塑～硬塑黏性土时，坡顶处勘探测试孔深度钻至基础底面以下不应小于15m，坡脚处勘探测试孔深度钻至基础底面以下不应小于5m；置于坚硬黏性土时，勘探测试孔深度钻至基础底面以下不应小于5m；置于中密～密实砂土时，勘探测试孔深度钻至基础底面以下不应小于3m；置于中密～密实碎石土时，勘探测试孔深度钻至基础底面以下不应小于2m；置于强风化基岩时，勘探测试孔深度钻至基础底面以下不应小于1m。

5　重力式临时码头浅基础置于可塑～硬塑黏性土时，坡顶处勘探测试孔深度钻至基础底面以下不应小于1.5倍的基础底面宽度；置于坚硬黏性土时，勘探测试孔深度钻至基础底面以下不应小于1倍的基础底面宽度；置于中密～密实砂土时，勘探测试孔深度钻至基础底面以下不应小于5m；置于中密～密实碎石土时，勘探测试孔深度钻至基础底面以下不应小于3m；置于强风化基岩时，勘探测试孔深度钻至基础底面以下不应小于1m。

6　桩基础置于覆盖层时，勘探测试孔深度应钻至桩端以下3～5$d$（$d$为桩径）且不应小于3m，对于大直径桩不应小于5m；置于强风化基岩时，勘探测试孔深度应钻至桩端以下2～3$d$。

7　板桩置于黏性土时，勘探测试孔深度钻至桩端以下不应小于5m；置于中密～密实砂土时，勘探测试孔深度钻至桩端以下不应小于2m。

8　临时航道勘探测试孔深度应钻入航道设计高程以下2～3m。

**6.5.5**　取样和试验应符合本规程第5.5.6条的有关规定。

**6.5.6**　原位测试应符合本规程第5.5.7条的有关规定。

**6.5.7**　水文地质试验应符合本规程第5.5.8条的有关规定。

**6.5.8**　临时工程详勘工点报告除应符合本规程第5.5.10条的有关规定外，尚应包括下列内容：

1　提供所需的岩土参数。

2　提出设计和施工中应注意的问题和建议，并提出监测建议。

3　在初勘成果的基础上补充和完善工程地质图表。

## 6.6 料场

**6.6.1** 陆域料场详勘应符合现行《公路工程地质勘察规范》（JTG C20）的有关规定。

**6.6.2** 海域取砂场详勘应对初勘资料进行核实，必要时补充勘探与测试工作。

**6.6.3** 新增海域取砂场勘察工作应符合本规程第5.6节的有关规定。

**6.6.4** 海域取砂场详勘工点报告除应符合本规程第5.6.5条的有关规定外，尚应包括下列内容：

1 评价取砂后边坡稳定性。

2 提出取砂后场区环境治理建议。

# 7 施工勘察

**7.0.1** 施工勘察应针对公路跨海通道施工方案、施工方法、施工工艺的特殊要求和施工中出现的工程地质问题开展工作，满足设计及施工方案调整和风险控制的要求。

**7.0.2** 遇下列情况时，应根据设计、施工的要求进行施工勘察：

1 施工过程中地质情况出现较大变化，原设计、施工方案需进行修改。

2 场地存在岩溶等形态特别复杂、影响工程安全的不良地质体。

3 场地存在孤石、漂石、球状风化体、断裂破碎带、风化深槽等对工程施工造成不利影响的特殊性岩土体。

4 施工方案有较大变更，详细勘察资料不能满足要求。

5 工程降水、土体冻结、盾构始发（接收）井端头、联络通道等地段岩土加固辅助工法需要。

6 人工岛筑岛填土勘察。

7 需进行施工勘察的其他情况。

**条文说明**

6 人工岛筑岛填土进行施工勘察，有利于查明填土及海床软土层的性质，对地基加固、基础方案进行评价和建议。

**7.0.3** 施工勘察应采用资料收集与分析、物探、钻探、原位测试、取样与试验、水文地质试验相结合的综合勘察方法，查明施工中遇到的地质问题，必要时开展专项研究，为设计变更、施工提供地质资料。

**7.0.4** 施工勘察应根据工程地质问题的复杂程度、已有勘察成果可利用情况、场地条件等因素确定勘察手段和工作量。

**7.0.5** 施工勘察报告应包括下列内容：

1 文字说明：综合分析所取得的地质资料，分析评价具体的工程地质问题，提供设计和施工所需岩土参数，提出工程处理措施的建议。

2　图表资料：工程地质平面图、勘探点成果表、钻孔柱状图、工程地质断面图、原位测试成果图表、室内试验成果图表、岩土层综合统计表，其他图片、附件或照片。

# 8 不良地质

## 8.1 一般规定

**8.1.1** 公路跨海通道场地或其附近存在对工程安全有不利影响的不良地质且无法规避时，应进行不良地质勘察。

**8.1.2** 不良地质勘察应查明对拟建工程有影响的不良地质作用及不良地质体，包括岩溶、强震区、地震液化、有害气体、岸坡失稳及放射性等。

**8.1.3** 不良地质勘察应采用资料收集与分析、工程地质调绘、物探、钻探、取样与试验、原位测试相结合的综合勘察方法，根据不同的成因类型，确定具体工作内容和工作量，有针对性地开展工作。

**8.1.4** 不良地质勘察应查明工程场地或附近存在的不良地质作用成因、类型、分布范围、规模及特征，根据不良地质作用类型按可行性研究阶段、初步勘察阶段、详细勘察阶段分阶段开展专项勘察和研究工作。

**8.1.5** 不良地质勘察应分析不良地质作用对公路跨海通道产生的不利影响，为可行性研究、初步设计、施工图设计等工作提供依据。详细勘察阶段应分析不良地质作用对公路跨海通道工程施工的不利影响，指出设计、施工、运营阶段注意事项，提出应对措施建议。

**8.1.6** 对公路跨海通道工程有不利影响的其他不良地质应按国家或行业现行有关标准的规定开展工作。

## 8.2 岩溶

**8.2.1** 公路跨海通道工程沿线岩溶发育时，应结合地质条件、设计与施工方案进行岩溶勘察。

**8.2.2** 岩溶勘察宜采用工程地质调绘、物探、钻探、取样与试验、原位测试等多种手段相结合的方法进行。地质勘探应在工程地质调绘的基础上实施，勘探点的数量和位置应根据公路跨海通道工程项目类型、规模、勘察阶段、现场地形地质条件、岩溶发育程度等综合确定。

**条文说明**

查明岩溶的具体分布需根据不同的勘察阶段，采用不同的勘察方法，有针对性地进行勘察工作，遵循从面到点、先地表后地下、先定性后定量、先疏后密的原则，从可行性勘察阶段到详勘阶段加大勘探工作量的布置，为设计施工提供尽可能详细的岩溶裂隙和土洞分布等资料。

**8.2.3** 海域岩溶发育程度分级宜符合表8.2.3的规定。

**表8.2.3 海域岩溶发育程度分级**

| 岩溶发育程度 | 钻孔见洞率（%） | 线岩溶率（%） | 相邻钻孔岩面起伏情况 |
|---|---|---|---|
| 强烈发育 | >30 | >20 | 相邻钻孔存在临空面且基岩面高差大于5m |
| 中等发育 | 10~30 | 5~20 | 相邻钻孔存在临空面且基岩面高差为2~5m |
| 弱发育 | <10 | <5 | 相邻钻孔存在临空面且基岩面高差小于2m |

注：发育程度从强烈发育到弱发育判定，满足其中一个条件即可定为该等级。

**8.2.4** 陆域岩溶发育程度分级宜按表8.2.3和表8.2.4的规定综合判定。

**表8.2.4 陆域地表岩溶发育程度分级**

| 岩溶发育程度 | 地表岩溶发育密度（个/$km^2$） | 岩溶发育分布特征 |
|---|---|---|
| 强烈发育 | >5 | 岩溶洞穴分布广，地表有较多的洼地、漏斗、落水洞、泉眼，暗河发育 |
| 中等发育 | 1~5 | 地表发育有洼地、漏斗、落水洞、泉眼，暗河稀疏 |
| 弱发育 | <1 | 地表岩溶形态稀少 |

**8.2.5** 岩溶勘察应包括下列内容：

1 岩溶分布形态、特征、溶蚀地貌类型。

2 可溶岩地层分布、地层年代、岩性成分、地层厚度、结晶程度、裂隙发育程度、单层厚度、产状、所含杂质、溶蚀及风化程度等。

3 岩溶发育与地貌、构造、岩性的关系，海床地层的岩性、厚度、分布、与下伏岩溶的接触关系，不同岩性岩层的分布特征、接触关系、接触范围。

4 溶洞、暗河的空间位置、形态、分布和充填情况，节理裂隙发育程度，溶洞、裂隙的连通性。

5 溶蚀深槽的破碎宽度、程度、岩土层胶结程度和渗透性。

6 区域侵蚀基准面、地方侵蚀基准面与岩溶发育的关系。

7　岩溶水分布特征及补给、径流、排泄条件，岩溶水的流向、流速、富水性，岩溶水与地表水、覆盖层或不可溶岩覆盖层地下水的水力联系，分析确定岩溶侵蚀面和地下水排泄基准面。

8　覆盖层成因、性质、厚度；土洞和塌陷区的成因、分布、形态发育规律和发展趋势。

9　评价和预测公路跨海通道施工过程中可能产生的突水、突泥及由地下水引发的其他地质灾害，提出防治措施建议。

**8.2.6**　岩溶区工程地质选线应符合下列规定：

1　公路跨海通道路线应避开岩溶强烈发育地带，选择在岩溶发育微弱、洞穴层数少、顶板稳固、受岩溶水影响小或非岩溶地带通过。

2　公路跨海通道路线应避免沿断裂带、可溶岩与非可溶岸的接触带、有利于岩溶发育的褶皱轴部线，避开断裂的交汇处、岩溶水富集区及岩溶水排泄区。

**8.2.7**　岩溶勘探应符合下列规定：

1　岩溶区勘探应采用综合物探、钻探、钻孔电视等综合勘探方法。

2　宜采用钻探取芯、轻型动力触探、标贯等方法检查溶洞填充状态。

3　完整岩层岩芯采取率应大于80%，可塑或硬塑状溶洞填充物岩芯采取率应大于50%。

**8.2.8**　岩溶可行性研究勘察阶段，每个工程地质单元应有勘探点；对公路跨海通道路线选线和工法研究有重大影响的地段，勘探点间距宜适当加密。

**8.2.9**　岩溶初步勘察阶段应符合下列规定：

1　应沿路线及两侧不小于200m的带状范围进行路线工程地质调绘，比例尺为1∶2 000。

2　桥梁勘探点、线间距应符合本规程第5.2.4条、第5.2.5条的有关规定，岩溶发育时间距应取小值。

3　隧道钻探应结合物探方法进行，钻孔布置除应符合本规程第5.3.8条的有关规定外，可溶岩与非可溶岩地层接触带、含水层、物探异常带、断裂破碎带等岩溶发育部位应布置勘探钻孔。

4　人工岛、临时工程勘探点、线间距应符合本规程第5.4.4条、第5.5.4条的有关规定，岩溶发育时间距应取小值。

**8.2.10**　岩溶详细勘察阶段应符合下列规定：

1　岩溶区工程地质调绘应对初勘工程地质调绘资料进行复核；线位偏离初步设计线位或地质条件需进一步查明时，应进行补充工程地质调绘，补充工程地质调绘的比例尺宜为1:2 000，重要地段宜按1:200～1:500调绘。

2 桥梁主桥应逐桩钻孔，岩溶中等或强烈发育时宜采用一桩多孔或钻孔结合物探方法确定持力层性状；引桥每墩钻孔不应少于2个，岩溶中等或强烈发育时宜逐桩布置勘探点。

3 隧道应在洞壁外侧5～10m交叉布置钻孔，结合岩溶发育情况对勘探点进行加密，勘探点间距宜按10～20m控制；岩溶中等或强烈发育时，应在孔间进行跨孔CT测试，查明岩溶的空间分布形态及连通性。

4 人工岛、临时工程勘探点、线间距应符合本规程第6.4.3条、第6.5.3条的有关规定，岩溶发育时间距应取小值。

**条文说明**

2 岩溶区大直径嵌岩桩采用一桩一孔存在较大风险，一桩多孔或钻孔结合孔中物探可显著降低这种风险。据广东、广西、辽宁等岩溶区的经验，采用的物探方法主要有孔中物探和跨孔CT。孔中物探可选择管波探测法、地质雷达法等；跨孔CT方法一般选择跨孔电磁波CT、跨孔弹性波CT、跨孔电阻率CT等。

**8.2.11** 岩溶地区勘探深度应符合下列规定：

1 重力锚、明挖扩大基础勘探深度钻至基底以下完整基岩不应小于8m；在该深度内遇岩溶洞穴时，应在溶洞底板稳定基岩内钻进3～5m。

2 桩基础勘探深度钻至桩端以下完整基岩不应小于10m；在该深度内遇岩溶洞穴时，应在溶洞底板稳定基岩内钻进5～8m。

3 隧道勘探深度钻至隧底以下完整基岩不应小于10m；在该深度内遇岩溶洞穴时，应在溶洞底板稳定基岩内钻进5～8m。

4 人工岛、临时工程勘探深度钻至完整基岩不应小于5m。

**8.2.12** 当岩溶强烈发育且对跨海通道工程有重大影响时，应进行岩溶专项勘察。

**8.2.13** 岩溶勘察成果应包括下列内容：

1 文字说明应包括下列内容：

1）阐述岩溶勘察内容、方法及工作量布置情况、自然地理、区域工程地质、岩溶发育程度、发育规律等。

2）说明路线及构筑物场地工程地质与水文地质条件，评价岩溶地基的稳定性；分析岩溶可能造成的工程风险并提出建议。

2 图表资料应包括以下内容：

1）工程地质平面图：标明单个岩溶形态，特别是大型溶洞和暗河的投影位置，岩溶井、泉位置、流量，地下水流动方向，比例尺为1:500～1:2 000；

2）工程地质纵断面图：水平比例尺1:500～1:2 000，垂直比例尺1:100～1:500；

3）工程地质横断面图：水平比例尺1∶100～1∶500，垂直比例尺1∶100～1∶500；

4）岩溶洞穴、暗河实测或调查成果图：填绘点位置、测图导线、断面位置，溶洞平、断面投影形态，溶洞充填情况及充填物性质，围岩裂隙产状及充填情况，地下水；说明测图情况和对溶洞的认识与分析，比例尺为1∶100～1∶500；

5）勘探、测试资料，观测点、地质照片，调查、分析表等资料。

## 8.3 强震区

**8.3.1** 路线通过地震动峰值加速度为0.10～0.40$g$地区或地震动峰值加速度为0.05$g$但对抗震设防有特殊要求的工程，应进行强震区工程地质勘察；地震动峰值加速度大于0.40$g$时，应做专题研究。

**8.3.2** 强震区工程地质勘察应符合现行《公路工程地质勘察规范》（JTG C20）的有关规定。

## 8.4 地震液化

**8.4.1** 地震动峰值加速度大于或等于0.10$g$的地区，地面以下20m的深度范围内有饱和砂土、粉土时，应进行地震液化工程地质勘察。

**8.4.2** 地震液化工程地质勘察应符合现行《公路工程地质勘察规范》（JTG C20）的有关规定。

**8.4.3** 海域地震液化宜判别至一般冲刷线以下20m。

**8.4.4** 采用静力触探试验判别砂土液化时，应按本规程附录P的方法执行。

## 8.5 有害气体

**8.5.1** 公路跨海通道工程通过富含有机质的软土地区，以及煤、石油、天然气层或曾发现过有害气体的地区时，应开展潜在有害气体勘察工作。

**条文说明**

对人体或工程造成危害的有害气体种类较多，常见的有在有机质、工业垃圾、生活垃圾地层中产生的沼气、毒气，煤层中的瓦斯，油气田中的天然气，缺氧空气等。有害气体常造成可燃气体的爆炸事故、缺氧气体的缺氧事故、毒性气体的中毒事故等。

**8.5.2** 有害气体的勘察可采用钻探、物探、现场测试和可燃气体检测等综合勘探方法。

**8.5.3** 有害气体勘察应结合路线方案和勘察范围，查明下列内容：

1 地层成因、沉积环境、岩性特征、结构、构造、分布规律及变化特征。

2 对于深层气源层，应重点查明气体逸出通道；对于工程影响范围内的气源层，应查明埋深、厚度、分布范围和物理化学特征。

3 气体生成、储藏和保存条件，确定储气层的物理化学特征、埋深、厚度、分布范围。

4 气体的类型、浓度、气体压力。

5 地下水水位、含水层分布、透水性、补给、径流、排泄条件。

6 当地有害气体的利用及危害情况和工程处理经验。

**8.5.4** 有害气体勘探应符合下列规定：

1 勘探线宜沿路线纵、横断面方向布置，勘探点的数量、间距应根据地层复杂程度、含气构造和工程类型确定。

2 勘探孔深度宜结合气源层、储气层深度，结构物埋深，测试要求等综合确定。

3 各气源层、储气层取土样不宜少于6组，气体的数量不宜少于3组。

4 隔气层取土样不宜少于6组。

**8.5.5** 有害气体勘察成果应包括下列内容：

1 阐述有害气体分布段的工程地质、水文地质条件，气源层和储气层的成因、埋深、长度、厚度等分布及封闭圈特征。

2 阐述有害气体类型、气压、含量、浓度等，预测气体突出位置及突出量，评价其对施工及运营的影响。

3 提出公路跨海通道路线避让或有害气体释放方式的建议。

4 图表资料应包括下列内容：

1）有害气体类型、分布范围及生气层、储气层的具体位置、测试参数等的图示和说明；

2）有害气体分布区工程地质平面图：比例尺 1∶500 ~ 1∶2 000；

3）工程地质纵断面图：水平比例尺 1∶500 ~ 1∶2 000，垂直比例尺 1∶100 ~ 1∶500；

4）工程地质剖面图：水平比例尺 1∶200 ~ 1∶1 000，垂直比例尺 1∶200 ~ 1∶500。

## 8.6 岸坡失稳

**8.6.1** 公路跨海通道及其附近存在对工程有安全影响的水下岸坡时，应进行水下岸坡工程地质勘察。

**8.6.2** 水下岸坡工程地质勘察应完成下列工作内容：

1 收集水下岸坡范围的地质构造和地震动参数。

2 收集当地水文、气象条件。

3 查明地貌的成因、类型、形态特征及水下岸坡自然稳定状况。

4 查明覆盖层的厚度、土质类型、分布范围、地层结构、密实度；重点查明软土等特殊性土的分布、特性及其下卧硬土层或基岩面的形态、坡度和坡向。

5 查明基岩的埋深、起伏形态，地层及其岩性组合，岩石的风化程度及节理发育程度；重点查明软弱岩层和构造破碎带、卸荷裂隙等不利结构面的分布、密度、产状及其组合关系，分析其力学属性及其与临空面的关系。

6 查明地下水的类型、分布和对水下岸坡稳定性的影响。

7 查明人为因素对水下岸坡稳定性的影响。

**条文说明**

7 人为因素包括疏浚、采砂、施工过程中的震动和挤土效应。

**8.6.3** 水下岸坡应进行1∶2 000工程地质调绘，调绘范围应包括水下岸坡失稳范围及对工程稳定有影响的区域。

**8.6.4** 水下岸坡工程地质勘探应符合下列规定：

1 勘探断面应垂直岸坡走向布置，长度应包括水下岸坡失稳变形的范围。

2 每条勘探断面布置的勘探测试孔数量不应少于3个，坡顶、坡角应有勘探测试孔。

3 勘探深度穿过潜在滑动面进入稳定层不应小于5m，并应满足稳定验算需要。

**8.6.5** 水下岸坡取样与试验应符合下列规定：

1 粉土、一般黏性土地层应取原状样，取样间距宜为1.5～2.0m；土层变化时应取样。

2 砂土和碎石土地层应分层采取扰动样，取样间距宜为2.0～3.0m；土层变化时应取样。

3 应根据岩石的风化等级，分层采取代表性岩样。

4 在软弱层中宜连续取样。

5 水下岸坡室内试验测试项目宜按表8.6.5选用。

**表8.6.5 水下岸坡室内试验测试项目**

| 测试项目 | 岩土类别 | | | | | |
|---|---|---|---|---|---|---|
| | 软土 | 一般黏性土 | 粉土 | 砂土 | 碎石土 | 岩石 |
| 颗粒分析 | + | + | + | + | + | |
| 天然含水率 $w$（%） | + | + | + | （+） | （+） | （+） |
| 密度 $\rho$（g/cm$^3$） | + | + | + | （+） | （+） | （+） |

续表 8.6.5

| 测 试 项 目 | | 岩 土 类 别 | | | | | |
|---|---|---|---|---|---|---|---|
| | | 软土 | 一般黏性土 | 粉土 | 砂土 | 碎石土 | 岩石 |
| 塑限 $w_P$（%） | | + | + | + | | | |
| 液限 $w_L$（%） | | + | + | + | | | |
| 休止角（°） | | | | | + | + | |
| 无侧限抗压强度 $q_u$（灵敏度 $S_t$） | | + | | | | | |
| 剪切试验 | 黏聚力 $c$（kPa） | + | + | + | + | + | + |
| | 内摩擦角 $\varphi$（°） | | | | | | |
| 单轴饱和抗压强度 $R_c$（MPa） | | | | | | | + |

注：+为必做项目；（+）为选做项目。

6 大型复杂土质岸坡宜结合离心模型试验或土工原型试验与观测进行专项研究。

7 设计有特殊要求时，应根据工程需要确定试验项目。

**8.6.6** 水下岸坡原位测试应符合下列规定：

1 黏性土、粉土、砂土应做标准贯入试验，碎石土应做圆锥动力触探试验，全风化、强风化岩应做标准贯入试验或圆锥动力触探试验，试验间距宜为 1.5 ~2.0m。

2 软土应做十字板剪切试验，试验间距宜为 1.0m。

3 软土、黏性土、粉土、砂土宜做静力触探试验。

**8.6.7** 水下岸坡稳定性评价应符合下列规定：

1 水下岸坡稳定性评价应符合现行《公路滑坡防治设计规范》（JTG/T 3334）的有关规定，并应以工程地质综合研究为基础，定性分析与定量评价相结合。

2 对于基槽开挖形成的水下岸坡稳定性评价，宜结合现场试挖槽开展专题研究。

**条文说明**

2 基槽开挖形成的水下岸坡稳定性与海床地层岩性、潮汐、海水流速、海水含砂量等因素都有关系，结合现场试挖槽开展专题研究是分析各种因素对水下岸坡稳定性影响的最有效的手段。

**8.6.8** 水下岸坡勘察成果应包括下列内容：

1 文字说明：阐述本规程第 8.6.2 条水下岸坡勘察要求查明的内容，分析水下岸坡的稳定性，评价工程建设场地的适应性，并提出工程地质建议。

2 图表资料应包括下列内容：

1）工程地质平面图：比例尺 1∶2 000 ~1∶5 000；

2）工程地质剖面图：水平比例尺 1∶1 000 ~1∶2 000，垂直比例尺 1∶100 ~1∶500；

3）钻孔柱状图：比例尺 1∶50～1∶200；

4）原位测试成果图表、室内试验成果图表、岩土试验成果分层统计表等；

5）其他资料：岩芯照片、原位测试工作照片等。

## 8.7 放射性

**8.7.1** 跨海隧道通过放射性矿物分布、高辐射地带或放射性地方病地区时，应按放射性地区进行工程地质调绘、取样、测试工作。

**8.7.2** 放射性地区工程地质调绘应包括下列内容：

1 调绘前应收集区域地质、矿产地质、水文地质、遥感图像资料，放射性地方病的记载和资料。

2 调查当地的生态环境、植物特征、地方史及社会历史情况。

3 查明岩浆活动、地质构造、地层、岩性、岩相。

4 查明测区水文地质条件及物理化学特征。

5 查明放射性地区弃渣的放射性，并进行评价。

**8.7.3** 放射性测试应符合下列规定：

1 放射性地区应取样进行测试，每种岩石数量不应少于 3 组。

2 岩石中天然放射性核素镭-226、钍-232、钾-40 的放射性比活度应按现行《建筑材料放射性核素限量》（GB 6566）的有关规定测试。

**8.7.4** 岩石试样放射性等级划分应符合现行《建筑材料放射性核素限量》（GB 6566）的有关规定。

**8.7.5** 放射性对工程存在影响时，宜进行专题研究。

# 9 特殊性岩土

## 9.1 一般规定

**9.1.1** 公路跨海通道应查明对工程建设有影响的特殊性岩土，包括软土、填土、风化岩与残积土、膨胀性岩土、混合土等。

**9.1.2** 陆域分布的特殊性岩土勘察应符合现行《公路工程地质勘察规范》（JTG C20）的有关规定。

## 9.2 软土

**9.2.1** 海域软土勘察可根据本规程第3.7.4条的有关规定选用合适的静力触探实施方式。

**9.2.2** 海域软土初勘除应符合现行《公路工程地质勘察规范》（JTG C20）的有关规定外，尚应符合下列规定：

1 桥梁勘探测试孔应结合墩台位置布置。

2 隧道勘探测试孔宜在洞壁外侧5～10m交叉布置，间距宜为100～200m，软土分布变化大时宜加密；孔深穿透软土层钻入下伏持力层不应小于5m。

3 人工岛勘探测试孔布置应按本规程第5.4.4条执行。

4 临时工程勘探测试孔布置应按本规程第5.5.4条执行。

**9.2.3** 海域软土详勘除应符合现行《公路工程地质勘察规范》（JTG C20）的有关规定外，尚应符合下列规定：

1 桥梁勘探测试孔布置应按本规程第6.2.3条、第6.2.4条执行。

2 隧道勘探测试孔宜在洞壁外侧5～10m交叉布置，间距宜为50～100m，软土分布变化大时应加密。

3 人工岛勘探测试孔布置应按本规程第6.4.3条执行。

4 临时工程勘探测试孔布置应按本规程第6.5.3条执行。

**9.2.4** 软土勘察成果应包括下列内容：

1 文字说明应包括下列内容：

1）阐述路线及构筑物场地软土的分布特征，评价软土工程特性，提出软土地基处治建议。

2）分析软土对桥梁桩基产生负摩阻力的不利影响。

3）评价软土路段隧道场地稳定性和适宜性，分析软土对隧道工作井、基坑的不利影响。

4）评价软土对人工岛地基沉降变形的影响。

5）评价软土震陷的可能性。

2 图表资料应包括下列内容：

1）软土类型、分布、工程地质特性等的图示和说明；

2）工程地质平面图：比例尺 1:2 000；

3）工程地质断面图：水平比例尺 1:2 000，垂直比例尺 1:100 ~ 1:500；

4）除常规试验指标外，还包括渗透系数、固结系数、抗剪强度、静止侧压力系数、灵敏度、有机质含量等；

5）其他附图、附表和照片等。

## 9.3 填土

**9.3.1** 海域填土勘察内容除应符合现行《公路工程地质勘察规范》（JTG C20）的有关规定外，尚应包括下列工作内容：

1 查明填土前场区的地形、地质资料。

2 查明填土来源、堆积年限和堆填方式。

**9.3.2** 海域填土的勘探方法应符合下列规定：

1 素填土应采用钻探取样与标准贯入试验、圆锥动力触探试验、静力触探试验等原位测试相结合的方法。

2 杂填土应采用圆锥动力触探试验方法。

3 黏性土为主的冲填土应采用钻探取样与十字板剪切试验、标准贯入试验、静力触探试验等原位测试相结合的方法。

4 砂性土为主的冲填土应采用静力触探试验、动力触探试验、标准贯入试验或静载荷试验等原位测试方法。

**9.3.3** 海域填土初勘除应符合现行《公路工程地质勘察规范》（JTG C20）的有关规定外，尚应符合下列规定：

1 桥梁勘探测试孔布置应按本规程第 5.2.5 条执行。

2 隧道勘探测试孔布置应按本规程第 5.3.8 条执行。

3 人工岛勘探测试孔布置应按本规程第 5.4.4 条执行。

4　临时工程勘探测试孔布置应按本规程第5.5.4条执行。

**9.3.4**　海域填土详勘除应符合现行《公路工程地质勘察规范》（JTG C20）的有关规定外，尚应符合下列规定：

1　桥梁勘探测试孔布置应按本规程第6.2.3条、第6.2.4条执行。

2　隧道勘探测试孔布置应按本规程第6.3.4条执行。

3　人工岛勘探测试孔布置应按本规程第6.4.3条执行。

4　临时工程勘探测试孔布置应按本规程第6.5.3条执行。

**9.3.5**　软弱填土勘察应按本规程第9.2节的有关规定执行。

**9.3.6**　填土勘察成果应包括下列内容：

1　文字说明应包括下列内容：

1）阐述路线及构筑物场地的工程地质条件，评价填土场地的稳定性和适宜性；提出填土地基处治建议；进行饱和砂土或粉土填土的地震液化判别与评价。

2）评价填土对桥梁桩基产生负摩阻力的不利影响。

3）评价填土对隧道浅埋段地基沉降的影响。

4）评价填土对人工岛地基承载力及沉降变形的影响。

2　图表资料应包括下列内容：

1）填土类型、均匀性、压缩性等的图示和说明；

2）工程地质平面图：比例尺1:2 000；

3）工程地质断面图：水平比例尺1:2 000，垂直比例尺1:100～1:500；

4）除常规试验指标外，还包括颗粒级配、有机质含量、密实度、压缩性及腐蚀性等成果图表；

5）其他附图、附表和照片等。

## 9.4　风化岩与残积土

**9.4.1**　海域风化岩与残积土的工程地质勘察除应符合现行《公路工程地质勘察规范》（JTG C20）的有关规定外，尚应包括下列工作内容：

1　查明风化岩与残积土的母岩地层年代和岩性。

2　查明风化层与残积土的埋深及厚度。

3　查明断裂破碎带、袋状风化囊、带状风化槽、球状风化孤石和软弱夹层，评价风化岩与残积土的均匀性。

4　查明风化岩与残积土的遇水软化及崩解特性、膨胀性。

5　查明风化岩与残积土的水文地质条件。

**9.4.2** 海域风化岩与残积土的勘探与试验，应符合下列规定：

1 钻孔应根据岩性和岩脉、断裂破碎带的分布综合布置。

2 盾构隧道、嵌岩桩桩端通过花岗岩孤石发育区时，应加密钻孔。

3 原位测试应根据风化岩与残积土的性状采用标准贯入试验、圆锥动力触探试验、波速测试或载荷试验等方法。

4 风化岩与残积土的地基承载力和变形模量宜通过载荷试验确定，或根据标准贯入试验等原位测试资料，结合当地经验综合确定。

5 风化岩与残积土应进行膨胀性试验、耐崩解性试验。

**9.4.3** 球状风化孤石发育程度宜按表9.4.3进行判别。

**表9.4.3 球状风化孤石发育程度判别**

| 孤石发育程度 | 钻孔遇孤石率（%） |
|---|---|
| 弱发育 | <10 |
| 中等发育 | 10~30 |
| 强发育 | 30~60 |
| 极强发育 | >60 |

注：钻孔遇孤石率为揭示孤石的钻孔数与钻孔总数的比值。

**条文说明**

依据广东、厦门等地经验，钻孔遇孤石率通常反映球状风化孤石的发育程度。

**9.4.4** 球状风化孤石强发育和极强发育时，应结合物探开展专项勘察。

**9.4.5** 风化岩与残积土勘察成果应包括下列内容：

1 文字说明应包括下列内容：

1）阐述路线及构筑物场地的工程地质条件，分析风化槽、球状风化孤石等发育情况，评价岩土不均匀性特征对地基基础的影响，提出工程地质建议。

2）评价不均匀风化、球状风化孤石对桩基施工、盾构隧道掘进的影响。

2 图表资料应包括下列内容：

1）风化岩与残积土类型、分布、工程地质性质等的图示和说明；

2）工程地质平面图：比例尺1:2 000；

3）工程地质断面图：水平比例尺1:2 000，垂直比例尺1:100~1:500；

4）除常规试验成果外，还包括孤石的强度、残积土的细粒土天然含水率、塑性指数、液性指数等成果表；

5）其他附图、附表和照片等。

## 9.5 膨胀性岩土

**9.5.1** 海域膨胀性岩土的勘察除应符合现行《公路工程地质勘察规范》（JTG C20）的有关规定外，尚应符合下列规定：

1 膨胀性岩土与非膨胀性岩土过渡地段应加密钻孔，间距不宜大于50m。

2 取土钻孔宜采用干钻取芯。

**9.5.2** 膨胀性岩土勘察成果应包括下列内容：

1 文字说明应包括下列内容：

1）阐述路线及构筑物场地的工程地质条件，评价膨胀性岩土对工程结构、基础埋深、边坡防护的影响，提出工程地质建议。

2）评价膨胀性岩土对桥梁基础的影响。

3）评价膨胀性岩土对钻爆隧道衬砌结构、盾构隧道盾构选型及工作井基坑支护结构的不利影响。

4）评价膨胀性岩土对人工岛地基及边坡防护的影响。

2 图表资料应包括下列内容：

1）膨胀性岩土类型、膨胀收缩特性等的图示和说明；

2）工程地质平面图：比例尺1∶2 000；

3）工程地质断面图：水平比例尺1∶2 000，垂直比例尺1∶100～1∶500；

4）除常规试验成果外，还包括无侧限抗压强度、自由膨胀率、膨胀力、标准吸湿含水率等试验图表；

5）其他附图、附表和照片等。

## 9.6 混合土

**9.6.1** 混合土勘察应包括下列工作内容：

1 查明地形和地貌特征，混合土的成因、分布，下卧土层或基岩的埋藏条件。

2 查明混合土的颗粒组成、均匀性及其在水平方向和垂直方向上的变化规律。

3 查明混合土的物理力学性质指标。

**9.6.2** 混合土勘探与测试应符合下列规定：

1 勘探应以钻孔为主，钻探应采用回转式钻进，不得采用水冲钻进，并应根据土质采用合适的取土器。

2 粗粒混合土宜做动力触探试验，细粒混合土宜做标准贯入试验。

**9.6.3** 混合土勘察成果应包括下列内容：

1 文字说明应包括下列内容：

1）阐述路线及构筑物场地的工程地质条件，评价混合土工程特性，提出混合土地基处治建议。

2）评价大粒径块石对桩基施工、盾构隧道掘进的影响。

2 图表资料应包括下列内容：

1）混合土类型、均匀性、压缩性的图示和说明；

2）工程地质平面图：比例尺 1∶2 000；

3）工程地质断面图：水平比例尺 1∶2 000，垂直比例尺 1∶100～1∶500；

4）除常规试验成果外，还包括大粒径块石强度、颗粒级配、黏性土含量、密实度、压缩性等试验图表；

5）其他附图、附表和照片等。

# 附录 A 海床式静力触探试验要点

**A.0.1** 吊放设备应满足作业要求，总起吊力不应小于海底回收时最大载荷的 4 倍。

**A.0.2** 吊放作业时，应采取有效措施避免设备旋转、设备偏移、探杆倾倒和电缆缠绕。

**A.0.3** 驱动系统应将探杆完全锁紧，在整个贯入和回收过程中不应出现打滑现象。

**A.0.4** 设备在吊放至海床面过程中，应监测探头锥尖阻力和孔隙水压力的变化。设备到达海床面后，静置不应小于 10min 直至稳定，并采用水深测量法或数据分析法量测探头与海床面的距离。设备的倾斜角度大于允许值时，应重新放置。

**A.0.5** 驱动系统应在设备稳定后启动贯入。达到终孔条件后，应及时启动驱动系统进行探杆回收并上提设备。

**A.0.6** 探杆在贯入过程中可采用一次或多次连接方式。

**A.0.7** 测试深度较深且海床表面存在深厚的软土层时，宜采用配套套管辅助贯入。

# 附录 B　海域固定式静力触探试验要点

**B. 0. 1**　试验仪器设备应符合下列规定：

1　静探试验探杆的强度和刚度应满足深孔静力触探要求。

2　静探设备应配备防晒、防雨、防腐等设施。

3　深孔静探可结合钻探分段实施，并宜设置多层保护套管，套管应有足够的强度和刚度。

**B. 0. 2**　试验流程应符合下列规定：

1　试验平台和反力装置应保证稳定，反力宜采用配重方式。

2　试验前在孔位处应插打保护套管，保护套管长度宜根据探杆悬空段长度确定。

3　保护套管应进行倾斜度测量。

4　贯入前应试压探头，检查顶柱、锥头、摩擦筒、导向轮工作是否正常。

5　试验过程中，应观测探杆垂直度和贯入速度。

**B. 0. 3**　遇下列情况时，应停止试验：

1　贯入阻力达到设备最大贯入能力。

2　端阻或侧阻达到探头的最大允许值。

3　反力装置失效。

4　试验平台明显晃动。

5　探杆突然倾斜。

**B. 0. 4**　静探贯入试验中止后，应详细记录贯入深度。

# 附录 C　海域旁压试验要点

**C.0.1**　海域旁压试验可分为自钻式旁压试验和预钻式旁压试验。

**C.0.2**　自钻式旁压试验应根据土体类型选择钻头、回转转速、刃口距离、循环液压力及流量、钻机设备压力。

**C.0.3**　预钻式旁压试验应采取措施保证成孔质量，孔径应与旁压探头相匹配，成孔过程中应减少对孔周土体的扰动。

**C.0.4**　海域旁压试验应在固定平台上进行。

**C.0.5**　旁压仪应进行综合标定，并应对压力表、弹性膜、传感器和应变片等进行定期标定。

**C.0.6**　达到旁压仪极限值时，应停止试验。

# 附录 D　海域扁铲侧胀试验要点

**D.0.1**　海域扁铲侧胀试验宜在固定平台上进行。

**D.0.2**　试验前在孔位处应插打保护套管，保护套管长度宜根据探杆悬空段长度确定。

**D.0.3**　测试探杆总长应超过最大试验深度 2～3m，气电管路应按探杆连接顺序一次性穿齐。

**D.0.4**　试验时基座应保持水平，并记录每次试验中探杆的垂直度偏差，垂直度偏差不应大于 2%。

**D.0.5**　试验过程中不应松动、碰撞钻杆。

**D.0.6**　试验时应以静力匀速将探头贯入土中，贯入速率宜为 2cm/s。

**D.0.7**　试验结束后应测量试验孔内地下水位。

# 附录 E　海域十字板剪切试验要点

**E.0.1**　海域十字板剪切试验测试深度不宜大于 30m。

**E.0.2**　试验前在孔位处应插打保护套管，保护套管长度宜根据探杆悬空段长度确定。

**E.0.3**　试验探杆应保证平直，前 5m 探杆的弯曲度不应大于 0.05%，其他探杆的弯曲度不应大于 1%。

**E.0.4**　剪切盒基座应保持水平，测试孔的垂直度偏差不应大于 2%。

**E.0.5**　试验时应以静力匀速将探头贯入土中。

# 附录 F　标准贯入试验确定地基承载力特征值

表 F-1　砂土地基承载力特征值 $f_{a0}$（kPa）

| 土名及水位情况 | | N（击/30cm） | | | |
|---|---|---|---|---|---|
| | | N≤10 | 10＜N≤15 | 15＜N≤30 | N＞30 |
| 砾砂、粗砂 | 与湿度无关 | 200 | 370 | 430 | 550 |
| 中砂 | 与湿度无关 | 150 | 330 | 370 | 450 |
| 细砂 | 水上 | 100 | 230 | 270 | 350 |
| | 水下 | — | 190 | 210 | 300 |
| 粉砂 | 水上 | — | 190 | 210 | 300 |
| | 水下 | — | 90 | 110 | 200 |

表 F-2　粉土地基承载力特征值 $f_{a0}$（kPa）

| N（击/30cm） | 4 | 6 | 8 | 10 | 12 | 15 | 18 | 20 | 22 | 25 | 28 | 30 |
|---|---|---|---|---|---|---|---|---|---|---|---|---|
| $f_{a0}$ | 100 | 128 | 150 | 170 | 185 | 213 | 240 | 260 | 280 | 310 | 335 | 360 |

表 F-3　黏性土地基承载力特征值 $f_{a0}$（kPa）

| N（击/30cm） | 3 | 5 | 7 | 9 | 11 | 13 | 15 | 17 | 19 | 21 | 23 |
|---|---|---|---|---|---|---|---|---|---|---|---|
| $f_{a0}$ | 105 | 145 | 190 | 235 | 280 | 325 | 370 | 430 | 515 | 600 | 680 |

表 F-4　花岗岩残积土地基承载力特征值 $f_{a0}$（kPa）

| 土　名 | N（击/30cm） | | | |
|---|---|---|---|---|
| | 4＜N≤10 | 10＜N≤15 | 15＜N≤20 | 20＜N≤30 |
| 砾质黏性土 | （100）～220 | 220～280 | 280～350 | 350～430 |
| 砂质黏性土 | （80）～200 | 200～250 | 250～300 | 300～380 |
| 黏性土 | 130～180 | 180～240 | 240～280 | 280～330 |

注：括号内数值供内插用。

**条文说明**

本附录参照《公路工程地质原位测试规程》（JTG 3223—2021）编制。

# 附录 G　动力触探试验确定地基承载力特征值

**G. 0. 1**　黏性土的地基承载力特征值$f_{a0}$，当贯入深度小于4m时，可根据场地土层的$N_{10}$按表G. 0. 1确定。

**表G. 0. 1　黏性土地基承载力特征值$f_{a0}$**（kPa）

| $N_{10}$（击/30cm） | 15 | 20 | 25 | 30 |
|---|---|---|---|---|
| $f_{a0}$ | 100 | 140 | 180 | 220 |

注：表内数值可线性内插。

**G. 0. 2**　冲、洪积成因的中砂、粗砂、砾砂和碎石土地基承载力特征值$f_{a0}$，当贯入深度小于20m时，可根据场地土层的$N_{63.5}$按表G. 0. 2-1和表G. 0. 2-2确定。

**表G. 0. 2-1　中砂、粗砂、砾砂地基承载力特征值$f_{a0}$**（kPa）

| $N_{63.5}$（击/10cm） | 3 | 4 | 5 | 6 | 7 | 8 | 9 | 10 |
|---|---|---|---|---|---|---|---|---|
| $f_{a0}$ | 120 | 150 | 180 | 220 | 260 | 300 | 340 | 380 |

注：本表适用于冲积和洪积的砂土，但中、粗砂的不均匀系数不大于6，砾砂的不均匀系数不大于20。

**表G. 0. 2-2　碎石土地基承载力特征值$f_{a0}$**（kPa）

| $N_{63.5}$（击/10cm） | 3 | 4 | 5 | 6 | 7 | 8 | 9 | 10 | 12 | 14 |
|---|---|---|---|---|---|---|---|---|---|---|
| $f_{a0}$ | 140 | 170 | 200 | 240 | 280 | 320 | 360 | 400 | 480 | 540 |
| $N_{63.5}$（击/10cm） | 16 | 18 | 20 | 22 | 24 | 26 | 28 | 30 | 35 | 40 |
| $f_{a0}$ | 600 | 660 | 720 | 780 | 830 | 870 | 900 | 930 | 970 | 1 000 |

**条文说明**

本附录参照《公路工程地质原位测试规程》（JTG 3223—2021）编制。

# 附录 H　静力触探试验成果估算单桩承载力

**H. 0. 1**　打入钢筋混凝土预制桩极限荷载可按式（H. 0. 1）计算：

$$Q_u = U\sum_{i=1}^{n} h_i \beta_i \bar{f}_{si} + \alpha A_c q_{cp} \quad \text{(H. 0. 1)}$$

式中：$Q_u$——桩的极限荷载值（kN）；

$U$——桩身周长（m）；

$h_i$——第 $i$ 层土厚度（m）；

$\bar{f}_{si}$——第 $i$ 层土的侧阻平均值（kPa）；

$A_c$——桩底（不包括桩靴）全断面面积（$m^2$）；

$q_{cp}$——桩底端阻计算值（kPa）；

$\beta_i$、$\alpha$——第 $i$ 层土的极限摩阻力综合修正系数、桩尖土的极限承载力综合修正系数。

**H. 0. 2**　$q_{cp}$、$\beta_i$、$\alpha$ 应分别按下列方法计算：

1　桩底高程以上 $4d$（$d$ 为桩径）范围内平均端阻 $\bar{q}_{cp1}$ 小于桩底以下 $4d$ 范围内的平均端阻 $\bar{q}_{cp2}$ 时：

$$q_{cp} = (\bar{q}_{cp1} + \bar{q}_{cp2})/2 \quad \text{(H. 0. 2-1)}$$

反之，

$$q_{cp} = \bar{q}_{cp2} \quad \text{(H. 0. 2-2)}$$

2　桩侧第 $i$ 层土的平均端阻 $\bar{q}_{ci} > 2\,000$kPa，且相应的摩阻比 $\bar{f}_{si}/\bar{q}_{ci} \leq 0.014$ 时：

$$\beta_i = 5.067\,(\bar{f}_{si})^{-0.45} \quad \text{(H. 0. 2-3)}$$

$\bar{q}_{ci}$ 及 $\bar{f}_{si}/\bar{q}_{ci}$ 不能同时满足上述条件时：

$$\beta_i = 10.045\,(\bar{f}_{si})^{-0.55} \quad \text{(H. 0. 2-4)}$$

由上述两式计算得 $\beta_i \bar{f}_{si} > 100$kPa 时，宜取 $\beta_i \bar{f}_{si} = 100$kPa。

3　$\bar{q}_{cp2} > 2\,000$kPa，且相应的摩阻比 $\bar{f}_{s2}/\bar{q}_{cp2} \leq 0.014$ 时：

$$\alpha = 3.975\,(q_{cp})^{-0.25} \quad \text{(H. 0. 2-5)}$$

$\bar{q}_{cp2}$ 及 $\bar{f}_{s2}/\bar{q}_{cp2}$ 不能同时满足上述条件时：

$$\alpha = 12.064\,(q_{cp})^{-0.35} \quad \text{(H. 0. 2-6)}$$

**H.0.3** 混凝土钻孔灌注桩及沉管灌注桩的极限荷载 $Q_u$ 可按式（H.0.1-1）估算，但式中的综合修正系数 $\beta_i$ 和 $\alpha$ 应符合下列规定：

1 钻孔灌注桩综合修正系数 $\beta_i$ 和 $\alpha$ 应按式（H.0.3-1）、式（H.0.3-2）计算：

$$\beta_i = 18.24(\bar{f}_{si})^{-0.75} \tag{H.0.3-1}$$

$$\alpha = 130.53(q_{cp})^{-0.76} \tag{H.0.3-2}$$

2 沉管灌注桩综合修正系数 $\beta_i$ 应按式（H.0.3-3）计算：

$$\beta_i = 4.14(\bar{f}_{si})^{-0.4} \tag{H.0.3-3}$$

3 桩底高程以下 $4d$ 范围内的摩阻比 $R_f > 0.1013\,\bar{q}_{cp2} + 0.32$ 时，沉管灌注桩综合修正系数 $\alpha$ 应按式（H.0.3-4）计算：

$$\alpha = 1.65(q_{cp})^{-0.14} \tag{H.0.3-4}$$

4 桩底高程以下 $4d$ 范围内的摩阻比 $R_f \leqslant 0.1013\,\bar{q}_{cp2} + 0.32$ 时，沉管灌注桩综合修正系数 $\alpha$ 应按式（H.0.3-5）计算：

$$\alpha = 0.45(q_{cp})^{-0.09} \tag{H.0.3-5}$$

**条文说明**

本附录参照《公路工程地质原位测试规程》（JTG 3223—2021）编制。

# 附录 J　孔压静力触探试验成果应用

**J. 0. 1**　采用孔压静力触探测试参数确定土的物理力学指标时，宜结合土工试验指标和当地经验确定，在工程经验丰富的地区可直接应用。

**J. 0. 2**　土的饱和重度可按式（J. 0. 2）计算：

$$\gamma_{sat} = 17.71 q_t^{0.066} \tag{J. 0. 2}$$

式中：$\gamma_{sat}$——土的饱和重度（$kN/m^3$），$q_t > 30MPa$ 时可取 $22kN/m^3$；

$q_t$——经孔压修正的锥尖阻力（MPa）。

**J. 0. 3**　无黏性土相对密实度可按式（J. 0. 3）计算：

$$D_r = [31.78\ln(q_t) - 13.98]/100 \tag{J. 0. 3}$$

式中：$D_r$——相对密实度；

$q_t$——经孔压修正的锥尖阻力（MPa）。

**J. 0. 4**　黏性土的不排水抗剪强度可按式（J. 0. 4）计算：

$$S_u^* = (q_t - \sigma_{v0})/N_{kt} \tag{J. 0. 4}$$

式中：$S_u^*$——不同试验条件下的不排水剪强度（kPa）；

$q_t$——经孔压修正的锥尖阻力（MPa）；

$\sigma_{v0}$——总上覆应力（MPa）；

$N_{kt}$——经验圆锥系数，宜结合土工试验和地区经验确定；当缺乏地区资料时，可按表 J. 0. 4 确定。

**表 J. 0. 4　经验圆锥系数 $N_{kt}$**

| 剪切试验条件 | | 直接快剪切试验 | 固结快剪切试验 | 三轴不固结不排水剪切试验 | 三轴固结不排水剪切试验 | $k_0$ 三轴固结不排水剪切试验 | 无侧限抗压强度试验 | 现场十字板剪切试验 |
|---|---|---|---|---|---|---|---|---|
| $N_{kt}$ | 范围值 | 10 ~ 25 | 12 ~ 25 | 18 ~ 35 | 9 ~ 17 | 7 ~ 14 | 22 ~ 42 | 10 ~ 23 |
| | 统计平均值 | 20 | 17.9 | 23.8 | 13 | 10 | 30 | 15.5 |

**J. 0. 5**　无黏性土的有效内摩擦角，可按下列公式计算：

1　粉砂、细砂的有效内摩擦角，可按式（J. 0. 5-1）计算：

$$\varphi' = 3.65\ln(q_n) + 27.1 \quad (J.0.5\text{-}1)$$

2　中砂、粗砂、砾砂的有效内摩擦角，可按式（J.0.5-2）计算：

$$\varphi' = 3.30\ln(q_n) + 29.5 \quad (J.0.5\text{-}2)$$

式中：$\varphi'$——无黏性土的有效内摩擦角（°）；

$q_n$——净锥尖阻力（MPa）。

**J.0.6**　黏性土超固结比，可按式（J.0.6）计算：

$$OCR = k_{OCR}Q_t \quad (J.0.6)$$

式中：$OCR$——超固结比；

$k_{OCR}$——经验系数，宜结合土工试验和地区经验确定；当缺乏地区资料时，可取0.16；

$Q_t$——归一化锥尖阻力。

**J.0.7**　黏性土的灵敏度可按式（J.0.7）计算：

$$S_t = N_s/F_r \quad (J.0.7)$$

式中：$S_t$——黏性土灵敏度；

$N_s$——经验系数，宜结合土工试验和地区经验确定；当缺乏地区资料时，可取6.3；

$F_r$——归一化摩阻比。

**J.0.8**　黏性土的压缩模量可按下列公式计算：

1　净锥尖阻力$q_n \leq 3.4$MPa时，黏性土的压缩模量可按式（J.0.8-1）计算：

$$E_s = 3.61q_n^{0.56} \quad (J.0.8\text{-}1)$$

2　3.4MPa $< q_n \leq$ 5.0MPa时，黏性土的压缩模量可按式（J.0.8-2）计算：

$$E_s = 0.47q_n^{2.23} \quad (J.0.8\text{-}2)$$

式中：$E_s$——100～200kPa荷载级别的压缩模量（MPa）；

$q_n$——净锥尖阻力（MPa）。

**J.0.9**　黏性土的压缩指数可按式（J.0.9）计算：

$$C_c = 1.05Q_t^{-0.40} \quad (J.0.9)$$

式中：$C_c$——压缩指数；

$Q_t$——归一化锥尖阻力。

**J.0.10**　横波波速可按下列公式计算：

1　黏性土横波波速可按式（J.0.10－1）计算：

$$v_s = 157.39q_t^{0.39} \quad (J.0.10\text{-}1)$$

2 无黏性土横波波速可按式（J. 0. 10-2）计算：

$$v_s = 208.83 q_t^{0.13} \tag{J. 0. 10-2}$$

式中：$v_s$——横波波速（m/s）；

$q_t$——经孔压修正的锥尖阻力（MPa）。

**J. 0. 11** 黏性土水平固结系数根据孔压消散试验结果可按式（J. 0. 11-1）～式（J. 0. 11-3）计算：

$$C_h = \frac{t^* r^2 \sqrt{I_r}}{t_{50}} \tag{J. 0. 11-1}$$

$$I_r = \frac{G_0}{S_u} \tag{J. 0. 11-2}$$

$$G_0 = \frac{\gamma}{g} v_s^2 \tag{J. 0. 11-3}$$

式中：$C_h$——水平固结系数（$cm^2/s$）；

$t^*$——相应于 $t_{50}$ 的时间因数，取 0.245；

$r$——探头半径，取 1.785cm；

$I_r$——刚度指数；

$t_{50}$——静探孔隙水压力消散达 50% 时对应的时间（s）；

$G_0$——小应变动剪切模量（kPa）；

$S_u$——不排水抗剪强度（kPa）；

$\gamma$——土的天然重度（$kN/m^3$）；

$g$——重力加速度，取 9.81$m/s^2$；

$v_s$——横波波速（m/s）。

**J. 0. 12** 标准贯入试验实测锤击数可按式（J. 0. 12）计算：

$$N = 0.075 \frac{q_t I_c^2}{p_a} \tag{J. 0. 12}$$

式中：$N$——标准贯入试验实测锤击数；

$q_t$——经孔压修正的锥尖阻力（kPa）；

$I_c$——土类指数；

$p_a$——参考压力值，取 100kPa。

**条文说明**

本附录参照《水运工程静力触探技术规程》（JTS/T 242—2020）编制。

# 附录K　水文地质试验参数及涌水量计算

**K. 0. 1**　渗透系数 $k$ 可按下列公式计算：

1　承压水完整井单井稳定流抽水试验，应绘制抽水井水位降深 $S_0$ 与抽水井出水量 $Q$ 的关系曲线，见图K. 0. 1-1，并按所得曲线类型选择计算公式。

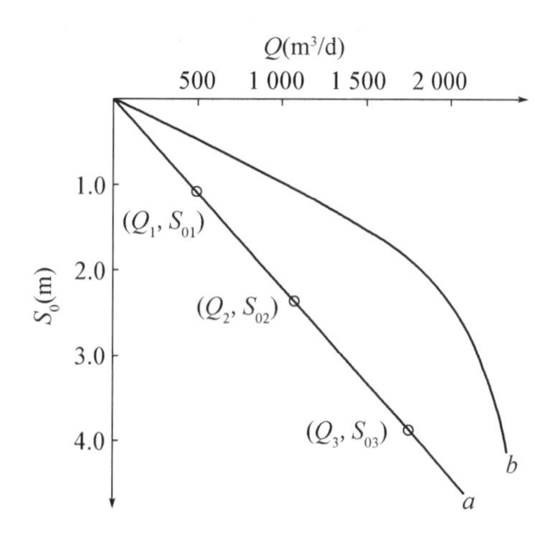


图K. 0. 1-1　$S_0$-$Q$ 关系曲线（$a$ 为直线型，$b$ 为抛物线型）

1）$S_0$-$Q$ 关系曲线为直线型时，渗透系数可按式（K. 0. 1-1）计算：

$$k = 0.366\frac{Q(\lg R - \lg r_0)}{MS_0} \tag{K. 0. 1-1}$$

式中：$k$——含水层渗透系数（m/d）；

$Q$——抽水井出水量（$m^3$/d）；

$R$——影响半径（m）；

$r_0$——抽水井半径（m）；

$M$——承压含水层厚度（m）；

$S_0$——抽水井的水位降深（m）。

2）$S_0$-$Q$ 关系曲线为抛物线型时，应绘制 $\frac{S_0}{Q}$-$Q$ 关系曲线，见图K. 0. 1-2，渗透系数可按式（K. 0. 1-2）计算：

$$k = 0.336\frac{\lg R - \lg r_0}{Ma_0} \tag{K. 0. 1-2}$$

式中：$a_0$——$\frac{S_0}{Q}$-$Q$ 关系曲线在纵轴上的截距（$d/m^2$）。

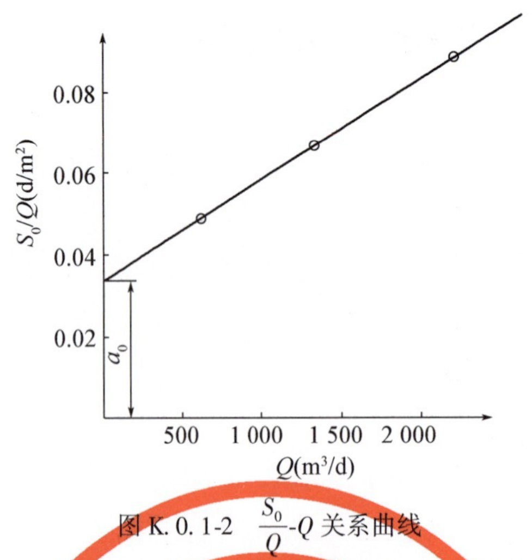


图 K.0.1-2 $\frac{S_0}{Q}$-$Q$ 关系曲线

2 潜水完整井单井稳定流抽水试验，应绘制潜水含水层在自然情况下厚度 $H$ 和抽水试验时厚度 $h_0$ 的平方差 $\Delta h^2$ 与抽水井出水量 $Q$ 的关系曲线，见图 K.0.1-3，并按所得曲线类型选择计算公式。

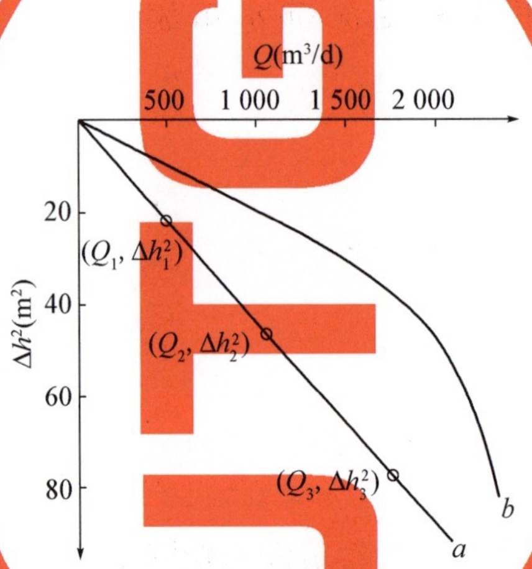


图 K.0.1-3 $\Delta h^2$-$Q$ 关系曲线（$a$ 为直线型，$b$ 为抛物线型）

1）$\Delta h^2$-$Q$ 关系曲线为直线型时，渗透系数可按式（K.0.1-3）、式（K.0.1-4）计算：

$$\Delta h^2 = H^2 - h_0^2 \tag{K.0.1-3}$$

$$k = 0.733\,\frac{Q(\lg R - \lg r_0)}{\Delta h^2} \tag{K.0.1-4}$$

式中：$\Delta h^2$——潜水含水层在自然情况下厚度和抽水试验时厚度的平方差（$m^2$）；

$H$——潜水含水层自然情况下的厚度（m）；

$h_0$——潜水含水层抽水试验时的厚度（m）。

2）$\Delta h^2$-$Q$ 关系曲线为抛物线型时，应绘制$\frac{\Delta h^2}{Q}$-$Q$ 关系曲线，见图 K.0.1-4，渗透系数可按式（K.0.1-5）计算：

$$k = 0.733\,\frac{\lg R - \lg r_0}{a_1} \tag{K.0.1-5}$$

式中：$a_1$——$\frac{\Delta h^2}{Q}$-$Q$ 关系曲线在纵轴上的截距（d/m）。

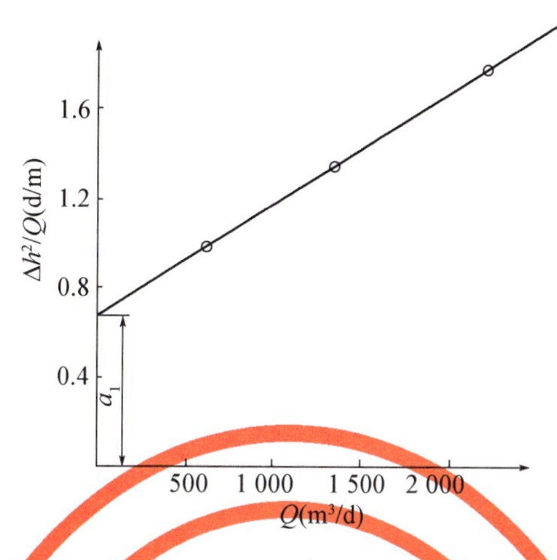


图 K.0.1-4 $\frac{\Delta h^2}{Q}$-$Q$ 关系曲线

3 带两个观测井的单井稳定流抽水试验，渗透系数可按式（K.0.1-6）、式（K.0.1-7）计算：

承压水完整井：

$$k = 0.366\frac{Q(\lg r_2 - \lg r_1)}{M(S_1 - S_2)} \tag{K.0.1-6}$$

潜水完整井：

$$k = 0.733\frac{Q(\lg r_2 - \lg r_1)}{\Delta h_1^2 - \Delta h_2^2} \tag{K.0.1-7}$$

式中：$S_1$、$S_2$——观测孔 1、观测孔 2 稳定动水位降深（m）；

$r_1$、$r_2$——观测孔 1、观测孔 2 距抽水孔的距离（m）；

$\Delta h_1^2$、$\Delta h_2^2$——在 $\lg r$-$\Delta h^2$ 曲线关系上两个观测孔对应的纵坐标（$m^2$）。

**K.0.2** 影响半径 $R$ 可按式（K.0.2-1）、式（K.0.2-2）计算：

承压含水层：

$$\lg R = \frac{S_1 \lg r_2 - S_2 \lg r_1}{S_1 - S_2} \tag{K.0.2-1}$$

潜水含水层：

$$\lg R = \frac{S_1(2H - S_1)\lg r_2 - S_2(2H - S_2)\lg r_1}{(S_1 - S_2)(2H - S_1 - S_2)} \tag{K.0.2-2}$$

**K.0.3** 隧道涌水量的计算应符合下列规定：

1 隧道洞身位于含水体底部隔水层上（完整井）时，隧道最大涌水量可按式（K.0.3-1）计算：

$$Q_0=\frac{\pi\cdot k\ (H-h_0)}{\ln\cot\left(\frac{\pi}{8}\cdot\frac{d}{T}\right)}\tag{K.0.3-1}$$

式中：$Q_0$——隧道最大涌水量［$m^3$/（d·m）］；

$H$——自地表水水面至隧道洞身横断面等价圆顶部的距离（m）；

$h_0$——洞内排水沟假设水深（m）；

$d$——隧道洞身横断面的等价圆直径（m）；

$T$——自地表水体底部至下伏隔水层的距离（m）。

2　隧道洞身位于含水体中，并与下伏隔水层保持一定距离（非完整井）时，隧道最大涌水量可按式（K.0.3-2）计算：

$$Q_0=\frac{2\pi\cdot k\ (H-h_0)}{\ln\left[\tan\left(\frac{\pi}{8}\cdot\frac{4h-d}{T}\right)\cot\left(\frac{\pi}{8}\cdot\frac{d}{T}\right)\right]}\tag{K.0.3-2}$$

3　含水体厚度 $T=\infty$ 时，隧道最大涌水量可按式（K.0.3-3）计算：

$$Q_0=\frac{2\pi\cdot k\ (H-h_0)}{\ln\left(\frac{2h}{r_0}-1\right)}\tag{K.0.3-3}$$

式中：$r_0$——隧道洞身横断面的等价圆半径（m）。

4　隧道运营过程中正常涌水量，可按最大涌水量乘以递减系数（淤塞系数）计算。递减系数（淤塞系数）可根据水体浑浊程度或水底淤积程度按0.8（水体较清、淤积较轻），0.6（中等浑浊、淤积），0.3（很浑浊、淤积较重）取值。

**条文说明**

本附录中的水文地质试验参数参考《水文地质手册》（第二版）给出，适用于稳定流抽水试验；涌水量计算参考《铁路工程水文地质勘察规范》（TB 10049—2014）。

# 附录L 基床系数经验值

表L-1 基床系数经验值

| 岩土类别 | | 状态/密实度 | 基床系数 $K$（MPa/m） | |
|---|---|---|---|---|
| | | | 水平基床系数 $K_h$ | 竖向基床系数 $K_v$ |
| 新近沉积土 | 黏性土 | 软塑 | 10～20 | 5～15 |
| | | 可塑 | 12～30 | 10～25 |
| | 粉土 | 稍密 | 10～20 | 12～18 |
| | | 中密 | 15～25 | 10～25 |
| 软土（软黏性土、软粉土、淤泥、淤泥质土、泥炭和泥炭质土） | | — | 1～12 | 1～10 |
| 黏性土 | | 流塑 | 3～15 | 4～10 |
| | | 软塑 | 10～25 | 8～22 |
| | | 可塑 | 20～45 | 20～45 |
| | | 硬塑 | 30～65 | 30～70 |
| | | 坚硬 | 60～100 | 55～90 |
| 粉土 | | 稍密 | 10～25 | 11～20 |
| | | 中密 | 15～40 | 15～35 |
| | | 密实 | 20～70 | 25～70 |
| 砂类土 | | 松散 | 3～15 | 5～15 |
| | | 稍密 | 10～30 | 12～30 |
| | | 中密 | 20～45 | 20～40 |
| | | 密实 | 25～60 | 25～65 |
| 圆砾、角砾 | | 稍密 | 15～40 | 15～40 |
| | | 中密 | 25～55 | 25～60 |
| | | 密实 | 55～90 | 60～80 |
| 卵石、碎石 | | 稍密 | 17～50 | 20～60 |
| | | 中密 | 25～85 | 35～100 |
| | | 密实 | 50～120 | 50～120 |

续表 L-1

<table>
<tr><th colspan="2" rowspan="2">岩 土 类 别</th><th rowspan="2">状态/密实度</th><th colspan="2">基床系数 $K$（MPa/m）</th></tr>
<tr><th>水平基床系数 $K_h$</th><th>竖向基床系数 $K_v$</th></tr>
<tr><td rowspan="3">软质岩石</td><td>全风化</td><td>35 ~ 39</td><td colspan="2">41 ~ 45</td></tr>
<tr><td>强风化</td><td>135 ~ 160</td><td colspan="2">160 ~ 180</td></tr>
<tr><td>中风化</td><td>200</td><td colspan="2">220 ~ 250</td></tr>
<tr><td rowspan="2">硬质岩石</td><td>强风化或中风化</td><td colspan="3">200 ~ 1 000</td></tr>
<tr><td>未风化</td><td colspan="3">1 000 ~ 1 5000</td></tr>
</table>

**条文说明**

本附录参照《城市轨道交通岩土工程勘察规范》（GB 50307—2012）编制。

# 附录 M　疏浚土、石工程分级

**表 M-1　疏浚土、石工程分级**

| 岩土类型 | 级别 | 状态 | 强度及结构特征 | 判别指标 | | | | | 辅助指标 | | | | |
|---|---|---|---|---|---|---|---|---|---|---|---|---|---|
| | | | | 标贯击数 $N$ | 抗剪强度 $\tau$ (kPa) | 天然重度 $\gamma$ (kN/m$^3$) | 液性指数 $I_L$ | 标贯击数 $N$ | 液性指数 $I_L$ | 抗剪强度 $\tau$ (kPa) | 附着力 $F$ (g/cm$^2$) | 相对密度 $D_r$ | 烧灼减量 $Q_1$ (%) |
| 有机质土、泥炭、淤泥类 | 1 | 流动～极软 | 可能是密实的或松软的，强度和结构在水平或垂直方向上可能相差很大，并存在气体 | — | — | $\gamma<16.6$ | $I_L>1.0$ | — | — | — | $50\leqslant F<150$，弱；$150\leqslant F<250$，中等；$F\geqslant250$，强；附着力越大越难挖 | — | $Q_1\geqslant5$ |
| 淤泥质土类 | 2 | 软 | 极易用手指捏成形 | — | — | $\gamma\leqslant17.6$ | $I_L>0.75$ | $N\leqslant4$ | — | $\tau\leqslant25$ | | | — |
| 黏性土类 | 3 | 中等 | 稍用力捏可成形 | — | $\tau\leqslant50$ | $\gamma\leqslant18.7$ | — | $N\leqslant8$ | $I_L\leqslant0.75$ | — | | | |
| | 4 | 硬 | 手指需用力捏才成形 | — | $50<\tau\leqslant100$ | $\gamma\leqslant19.5$ | — | $N\leqslant15$ | $I_L\leqslant0.50$ | — | | | |
| | 5 | 坚硬 | 不能用手指捏成形，可用大拇指压出凹痕 | — | $\tau>100$ | $\gamma>19.5$ | — | $N>15$ | $I_L<0.25$ | — | | | |

续表 M-1

<table>
<tr><th rowspan="2">岩土类型</th><th rowspan="2">级别</th><th rowspan="2">状态</th><th rowspan="2">强度及结构特征</th><th colspan="4">判 别 指 标</th><th colspan="6">辅 助 指 标</th></tr>
<tr><th>标贯击数 $N$</th><th>抗剪强度 $\tau$（kPa）</th><th>天然重度 $\gamma$（$kN/m^3$）</th><th>液性指数 $I_L$</th><th>标贯击数 $N$</th><th>液性指数 $I_L$</th><th>抗剪强度 $\tau$（kPa）</th><th>附着力 $F$（$g/cm^2$）</th><th>相对密度 $D_r$</th><th>烧灼减量 $Q_1$（%）</th></tr>
<tr><td rowspan="3">砂土类</td><td>6</td><td>松散</td><td>较容易将 12mm 钢筋插入土中</td><td>$N \leq 10$</td><td>—</td><td>$\gamma \leq 18.6$</td><td>—</td><td rowspan="3" colspan="4">满足 $C_u \geq 5$，$C_c = 1 \sim 3$ 为良好级配的砂（SW）；不能满足以上条件的为不良级配的砂（SP）；同条件下级配越好越密实</td><td>$D_r \leq 0.33$</td><td>—</td></tr>
<tr><td>7</td><td>中密</td><td>用 2～3kg 重锤很容易将 12mm 钢筋打入土中</td><td>$N \leq 30$</td><td>—</td><td>$\gamma \leq 19.6$</td><td>—</td><td>$D_r \leq 0.67$</td><td>—</td></tr>
<tr><td>8</td><td>密实</td><td>用 2～3kg 重锤可将 12mm 钢筋打入土中 30mm</td><td>$N > 30$</td><td>—</td><td>$\gamma > 19.6$</td><td>—</td><td>$D_r > 0.67$</td><td>—</td></tr>
</table>

注：$C_u$-不均匀系数；$C_c$-曲率系数。

**条文说明**

附着力试验、灼烧量试验参照《疏浚与吹填工程设计规范》（JTS 181-5—2012）执行。

**表 M-2 疏浚土、石工程分级**

| 岩土类型 | 级别 | 状态 | 强度及结构特征 | 判别指标 | | | | 辅助指标 |
|---|---|---|---|---|---|---|---|---|
| | | | | 重锤击数 $N_{63.5}$ | 密实判数 $DG$ | 标贯击数 $N$ | 抗压强度 $R_c$(MPa) | 颗粒级配 |
| 碎石土类 | 9 | 松散～中密 | 骨架颗粒含量小于总质量的70%,呈混乱或交错排列,大部分不接触或部分连续接触 | $N_{63.5} \leqslant 20$ | $DG \leqslant 70$ | — | — | 满足 $C_u \geqslant 5$,$C_c = 1 \sim 3$ 为良好级配的砾石(GW);不能满足以上条件的为不良级配的砾石(GP);相同条件下级配越好越密实 |
| | 10 | 密实 | 充填物包裹大部分骨架颗粒,且呈疏松或中密状态 | $N_{63.5} > 20$ | $DG > 70$ | — | — | |
| 岩石类 | 11 | 弱 | 锤击声哑,无回弹,有较深凹痕,手可捏碎,掀镐可挖掘,浸水后可捏成团 | — | — | $N < 50$ | $R_c \leqslant 5$ | — |
| | 12 | 中等 | 锤击声哑,无回弹,有凹痕,锤击易碎,浸水后手可掰开 | — | — | — | $R_c \leqslant 15$ | — |
| | 13 | 稍强 | 锤击不清脆,无回弹,有凹痕,锤击较易击碎,掀镐难挖掘,浸水后指甲可刻出印痕 | — | — | — | $R_c \leqslant 30$ | — |

注:$C_u$-不均匀系数;$C_c$-曲率系数。

## 条文说明

密实判数试验参照《疏浚与吹填工程设计规范》(JTS 181-5—2012)执行。

# 附录 N 海域隧道场地条件复杂程度分级

**表 N-1 海域隧道场地条件复杂程度分级**

| 隧道工法 | 简单 | 中等复杂 | 复杂 |
| --- | --- | --- | --- |
| 沉管隧道 | 基槽全部位于较为均匀的土层中；<br>基槽开挖深度小于 15m；<br>水深小于 15m | 介于简单及复杂之间的其他情况；<br>水深 15～25m | 基槽位于岩土交界面附近；<br>基槽开挖深度大于 20m；<br>淤泥厚度大于 10m；<br>水深大于 25m |
| 盾构隧道 | 洞身全部位于较为均匀的土层中；<br>洞身在岩层中，上部岩层厚度大于 0.5 倍洞径 | 洞身附近土层物理力学参数差异较大；<br>洞身位于岩层中，但上部岩层厚度小于 0.5 倍洞径 | 洞身位于岩土交界面附近；<br>隧道埋置深度小于 1 倍洞径；<br>隧道受海床冲刷影响较大 |
| 钻爆隧道 | 洞身在硬质岩层中，上部岩层厚度大于 1 倍开挖跨度；<br>洞身在中硬岩层中，上部岩层厚度大于 2 倍开挖跨度 | 洞身在硬质岩层中，上部岩层厚度小于 1 倍隧道开挖宽度；<br>洞身在中硬岩层中，上部岩层厚度小于 2 倍开挖跨度；<br>洞身位于强风化岩层中或破碎岩层中 | 洞身位于断裂破碎带中；<br>洞身位于岩土交界面附近；<br>洞身位于特殊性岩土中；<br>洞身位于岩溶发育地层中 |
| 堰筑隧道 | 基坑全部位于较为均匀的土层中；<br>基坑深度小于 10m；<br>水深小于 5m | 介于简单及复杂之间的其他情况；<br>水深 5～10m | 洞身或基础位于岩土交界面附近；<br>基坑深度大于 15m；<br>水深大于 10m |

注：符合表中复杂条件之一，海域隧道场地条件可划分为复杂等级；符合表中中等复杂条件之一，海域隧道场地条件可划分为中等复杂等级。

# 附录P　静力触探法判定砂土液化

**P.0.1**　地震动峰值加速度为0.10$g$（0.15$g$）的地区、冲刷线以下15m深度范围内，地震动峰值加速度为0.20$g$或0.40$g$的地区、冲刷线以下20m深度范围内，存在饱和砂土和饱和粉土时，可使用静力触探方法进行液化判别。

**P.0.2**　实测计算贯入阻力$p_{sca}$或$q_{cca}$值小于或等于单桥静力触探液化临界贯入阻力$p_s'$或双桥静力触探液化临界贯入阻力$q_c'$时，应判为液化土。

**P.0.3**　实测计算贯入阻力$p_{sca}$或$q_{cca}$应按下列规定取值：

1　土层厚度大于1m时，应取该层土贯入阻力平均值$\overline{p_s}$（或$\overline{q_c}$）；土层厚度小于1m，且上、下层为贯入阻力较小的土层时，应取该层土贯入阻力较大值。

2　土层厚度较大，根据力学性质和$p_s$或$q_c$值可明显分层时，应分别计算$p_{sca}$或$q_{cca}$值。

3　采用双桥探头触探时，应确定各分层的计算侧阻值$f_{sca}$，并按式（P.0.3）计算各分层的摩阻比$R_{fca}$。

$$R_{fca}=f_{sca}/q_{cca} \tag{P.0.3}$$

**P.0.4**　液化临界贯入阻力应按式（P.0.4-1）～式（P.0.4-4）计算：

$$p_s'=p_{s0}\cdot\alpha_1\cdot\alpha_3\cdot\alpha_4 \tag{P.0.4-1}$$

$$q_c'=q_{c0}\cdot\alpha_1\cdot\alpha_3\cdot\alpha_4 \tag{P.0.4-2}$$

$$\alpha_1=1-0.065(d_w-2) \tag{P.0.4-3}$$

$$\alpha_3=1-0.05(d_u-2) \tag{P.0.4-4}$$

式中：$p_{s0}$、$q_{c0}$——$d_w=2$m、$d_u=2$m、$\alpha_4=1$时，可液化土层的临界贯入阻力按表P.0.4-1取值；

$\alpha_1$——地下水埋深$d_w$（m）修正系数，地面常年有水且与地下水有水力联系时，$\alpha_1=1.13$；

$\alpha_3$——上覆非液化土层厚度$d_u$（m）修正系数，对于深基础，恒取$\alpha_3=1$；

$\alpha_4$——黏粒含量百分比修正系数，可按表P.0.4-2确定。

**表 P.0.4-1 可液化土临界贯入阻力基本值**

| 地震动峰值加速度 | 0.10$g$ | 0.15$g$ | 0.20$g$ | 0.30$g$ | 0.40$g$ |
| --- | --- | --- | --- | --- | --- |
| $p_{s0}$（MPa） | 5.0 | 8.0 | 11.5 | 14.5 | 18.0 |
| $q_{c0}$（MPa） | 4.5 | 7.0 | 10.0 | 13.0 | 16.0 |

**表 P.0.4-2 $\alpha_4$ 建议值**

| 土类 | 砂土 | 粉土 | |
| --- | --- | --- | --- |
| $R_{fca}$（%） | $R_{fca}\leqslant 0.4$ | $0.4<R_{fca}\leqslant 0.9$ | $R_{fca}>0.9$ |
| $\alpha_4$ | 1.00 | 0.60 | 0.45 |

**条文说明**

液化判别是地震效应评价中的重要内容，本附录根据《公路工程地质原位测试规程》（JTG 3223—2021）给出。静力触探测试具有连续性、可重复性，能提供地层数据的连续曲线，通过测试数据能够对地层进行连续液化判别，生成抗震液化剖面。国外基于静力触探测试技术提出了 Seed 法、Robertson 法等方法，适用地层有一定差异。港珠澳大桥岛隧工程利用静力触探法对岛隧砂土液化势进行评估，并与标准贯入试验、横波判别液化进行对比验证。三种方法对于厚层砂土的判别结果基本一致；对于薄层砂土，静力触探法具有一定优势。

# 本规程用词用语说明

1　本规程执行严格程度的用词，采用下列写法：

1）表示很严格，非这样做不可的用词，正面词采用“必须”，反面词采用“严禁”；

2）表示严格，在正常情况下均应这样做的用词，正面词采用“应”，反面词采用“不应”或“不得”；

3）表示允许稍有选择，在条件许可时首先应这样做的用词，正面词采用“宜”，反面词采用“不宜”；

4）表示有选择，在一定条件下可以这样做的用词，采用“可”。

2　引用标准的用语采用下列写法：

1）在标准总则中表述与相关标准的关系时，采用“除应符合本规程的规定外，尚应符合国家和行业现行有关标准的规定”。

2）在标准条文及其他规定中，当引用的标准为国家标准和行业标准时，表述为“应符合《××××××》（×××）的有关规定”。

3）当引用本标准中的其他规定时，表述为“应符合本规程第×章的有关规定”、“应符合本规程第×.×节的有关规定”、“应符合本规程第×.×.×条的有关规定”或“应按本规程第×.×.×条的有关规定执行”。

# 现行公路工程行业标准一览表

（2022 年 7 月）

| 序号 | 板块 | 模块 | 现行编号 | 名称 | 定价（元） |
|---|---|---|---|---|---|
| 1 | 总体 | | JTG 1001—2017 | 公路工程标准体系（14300） | 20.00 |
| 2 | | | JTG A02—2013 | 公路工程行业标准制修订管理导则（10544） | 15.00 |
| 3 | | | JTG A04—2013 | 公路工程标准编写导则（10538） | 20.00 |
| 4 | 通用 | 基础 | JTG B01—2014 | 公路工程技术标准（活页夹版，11814） | 98.00 |
| | | | | 公路工程技术标准（平装版，11829） | 68.00 |
| 5 | | | JTG 2111—2019 | 小交通量农村公路工程技术标准（15327） | 50.00 |
| 6 | | | JTG 2112—2021 | 城镇化地区公路工程技术标准（17752） | 50.00 |
| 7 | | | JTJ 002—87 | 公路工程名词术语（0346） | 22.00 |
| 8 | | | JTJ 003—86 | 公路自然区划标准（0348） | 16.00 |
| 9 | | | JTG 2120—2020 | 公路工程结构可靠性设计统一标准（16532） | 50.00 |
| 10 | | | 建标〔2011〕124 号 | 公路工程项目建设用地指标（09402） | 36.00 |
| 11 | | | JTG F80/1—2017 | 公路工程质量检验评定标准　第一册　土建工程（14472） | 90.00 |
| 12 | | | JTG 2182—2020 | 公路工程质量检验评定标准　第二册　机电工程（16987） | 60.00 |
| 13 | | 安全 | JTG B05—2015 | 公路项目安全性评价规范（12806） | 45.00 |
| 14 | | | JTG B05-01—2013 | 公路护栏安全性能评价标准（10992） | 30.00 |
| 15 | | | JTG B02—2013 | 公路工程抗震规范（11120） | 45.00 |
| 16 | | | JTG/T 2231-01—2020 | 公路桥梁抗震设计规范（16483） | 80.00 |
| 17 | | | JTG/T 2231-02—2021 | 公路桥梁抗震性能评价细则（16433） | 40.00 |
| 18 | | | JTG 2232—2019 | 公路隧道抗震设计规范（16131） | 60.00 |
| 19 | | | JTG F90—2015 | 公路工程施工安全技术规范（12138） | 68.00 |
| 20 | | 绿色 | JTG B03—2006 | 公路建设项目环境影响评价规范（13373） | 40.00 |
| 21 | | | JTG B04—2010 | 公路环境保护设计规范（08473） | 28.00 |
| 22 | | | JTG/T 2321—2021 | 公路工程利用建筑垃圾技术规范（17536） | 40.00 |
| 23 | | | JTG/T 2340—2020 | 公路工程节能规范（16115） | 30.00 |
| 24 | | 智慧 | JTG/T 2420—2021 | 公路工程信息模型应用统一标准（17181） | 50.00 |
| 25 | | | JTG/T 2421—2021 | 公路工程设计信息模型应用标准（17179） | 80.00 |
| 26 | | | JTG/T 2422—2021 | 公路工程施工信息模型应用标准（17180） | 70.00 |
| 27 | 建设 | 勘测 | JTG C10—2007 | 公路勘测规范（06570） | 40.00 |
| 28 | | | JTG/T C10—2007 | 公路勘测细则（06572） | 42.00 |
| 29 | | | JTG C20—2011 | 公路工程地质勘察规范（09507） | 65.00 |
| 30 | | | JTG/T C21-01—2005 | 公路工程地质遥感勘察规范（0839） | 17.00 |
| 31 | | | JTG/T C21-02—2014 | 公路工程卫星图像测绘技术规程（11540） | 25.00 |
| 32 | | | JTG/T 3221-04—2022 | 公路跨海通道工程地质勘察规程（18076） | 70.00 |
| 33 | | | JTG/T 3222—2020 | 公路工程物探规程（16831） | 60.00 |
| 34 | | | JTG 3223—2021 | 公路工程地质原位测试规程（17325） | 100.00 |
| 35 | | 设计 | JTG C30—2015 | 公路工程水文勘测设计规范（12063） | 70.00 |
| 36 | | | JTG/T 3310—2019 | 公路工程混凝土结构耐久性设计规范（15635） | 50.00 |
| 37 | | | JTG/T 3311—2021 | 小交通量农村公路工程设计规范（17487） | 60.00 |
| 38 | | | JTG D20—2017 | 公路路线设计规范（14301） | 80.00 |
| 39 | | | JTG/T D21—2014 | 公路立体交叉设计细则（11761） | 60.00 |
| 40 | | | JTG D30—2015 | 公路路基设计规范（12147） | 98.00 |
| 41 | | | JTG/T D31—2008 | 沙漠地区公路设计与施工指南（1206） | 32.00 |
| 42 | | | JTG/T D31-02—2013 | 公路软土地基路堤设计与施工技术细则（10449） | 40.00 |
| 43 | | | JTG/T D31-03—2011 | 采空区公路设计与施工技术细则（09181） | 40.00 |
| 44 | | | JTG/T D31-04—2012 | 多年冻土地区公路设计与施工技术细则（10260） | 40.00 |
| 45 | | | JTG/T D31-05—2017 | 黄土地区公路路基设计与施工技术规范（13994） | 50.00 |
| 46 | | | JTG/T D31-06—2017 | 季节性冻土地区公路设计与施工技术规范（13981） | 45.00 |
| 47 | | | JTG/T D32—2012 | 公路土工合成材料应用技术规范（09908） | 50.00 |
| 48 | | | JTG/T D33—2012 | 公路排水设计规范（10337） | 40.00 |
| 49 | | | JTG/T 3334—2018 | 公路滑坡防治设计规范（15178） | 55.00 |
| 50 | | | JTG D40—2011 | 公路水泥混凝土路面设计规范（09463） | 40.00 |
| 51 | | | JTG D50—2017 | 公路沥青路面设计规范（13760） | 50.00 |
| 52 | | | JTG/T 3350-03—2020 | 排水沥青路面设计与施工技术规范（16651） | 50.00 |
| 53 | | | JTG D60—2015 | 公路桥涵设计通用规范（12506） | 40.00 |
| 54 | | | JTG/T 3360-01—2018 | 公路桥梁抗风设计规范（15231） | 75.00 |
| 55 | | | JTG/T 3360-02—2020 | 公路桥梁抗撞设计规范（16435） | 40.00 |
| 56 | | | JTG/T 3360-03—2018 | 公路桥梁景观设计规范（14540） | 40.00 |
| 57 | | | JTG D61—2005 | 公路圬工桥涵设计规范（13355） | 30.00 |
| 58 | | | JTG 3362—2018 | 公路钢筋混凝土及预应力混凝土桥涵设计规范（14951） | 90.00 |
| 59 | | | JTG 3363—2019 | 公路桥涵地基与基础设计规范（16223） | 90.00 |
| 60 | | | JTG D64—2015 | 公路钢结构桥梁设计规范（12507） | 80.00 |
| 61 | | | JTG/T D64-01—2015 | 公路钢混组合桥梁设计与施工规范（12682） | 45.00 |
| 62 | | | JTG/T 3364-02—2019 | 公路钢桥面铺装设计与施工技术规范（15637） | 50.00 |
| 63 | | | JTG/T 3365-01—2020 | 公路斜拉桥设计规范（16365） | 50.00 |
| 64 | | | JTG/T 3365-02—2020 | 公路涵洞设计规范（16583） | 50.00 |
| 65 | | | JTG/T D65-05—2015 | 公路悬索桥设计规范（12674） | 55.00 |
| 66 | | | JTG/T D65-06—2015 | 公路钢管混凝土拱桥设计规范（12514） | 40.00 |
| 67 | | | JTG/T 3365-05—2022 | 公路装配式混凝土桥梁设计规范（17885） | 60.00 |
| 68 | | | JTG 3370.1—2018 | 公路隧道设计规范　第一册　土建工程（14639） | 110.00 |
| 69 | | | JTG D70/2—2014 | 公路隧道设计规范　第二册　交通工程与附属设施（11543） | 50.00 |

| 序号 | 板块 | 模块 | 现 行 编 号 | 名 称 | 定价(元) |
| --- | --- | --- | --- | --- | --- |
| 70 | 建设 | 设计 | JTG/T D70—2010 | 公路隧道设计细则(08478) | 66.00 |
| 71 | | | JTG/T D70/2-01—2014 | 公路隧道照明设计细则(11541) | 35.00 |
| 72 | | | JTG/T D70/2-02—2014 | 公路隧道通风设计细则(11546) | 70.00 |
| 73 | | | JTG/T 3371—2022 | 公路水下隧道设计规范(17889) | 120.00 |
| 74 | | | JTG/T 3371-01—2022 | 公路沉管隧道设计规范(18063) | 70.00 |
| 75 | | | JTG/T 3374—2020 | 公路瓦斯隧道设计与施工技术规范(16141) | 60.00 |
| 76 | | | JTG D80—2006 | 高速公路交通工程及沿线设施设计通用规范(0998) | 25.00 |
| 77 | | | JTG D81—2017 | 公路交通安全设施设计规范(14395) | 60.00 |
| 78 | | | JTG/T D81—2017 | 公路交通安全设施设计细则(14396) | 90.00 |
| 79 | | | JTG/T 3381-02—2020 | 公路限速标志设计规范(16696) | 40.00 |
| 80 | | | JTG D82—2009 | 公路交通标志和标线设置规范(07947) | 116.00 |
| 81 | | | JTG/T 3383-01—2020 | 公路通信及电力管道设计规范(16686) | 40.00 |
| 82 | | | JTG/T L11—2014 | 高速公路改扩建设计细则(11998) | 45.00 |
| 83 | | | JTG/T L80—2014 | 高速公路改扩建交通工程与沿线设施设计细则(11999) | 30.00 |
| 84 | | | JTG/T 3392—2022 | 高速公路改扩建交通组织设计规范(17883) | 50.00 |
| 85 | | 通用图 | JTG/T 3911—2021 | 装配化工字组合梁钢桥通用图(17771) | 3000.00 |
| 86 | | 试验 | JTG E20—2011 | 公路工程沥青及沥青混合料试验规程(09468) | 106.00 |
| 87 | | | JTG 3420—2020 | 公路工程水泥及水泥混凝土试验规程(16989) | 100.00 |
| 88 | | | JTG 3430—2020 | 公路土工试验规程(16828) | 120.00 |
| 89 | | | JTG E41—2005 | 公路工程岩石试验规程(13351) | 30.00 |
| 90 | | | JTG E42—2005 | 公路工程集料试验规程(13353) | 50.00 |
| 91 | | | JTG E50—2006 | 公路工程土工合成材料试验规程(13398) | 40.00 |
| 92 | | | JTG E51—2009 | 公路工程无机结合料稳定材料试验规程(08046) | 60.00 |
| 93 | | | JTG 3450—2019 | 公路路基路面现场测试规程(15830) | 90.00 |
| 94 | | 检测 | JTG/T 3512—2020 | 公路工程基桩检测技术规程(16482) | 60.00 |
| 95 | | | JTG/T 3520—2021 | 公路机电工程测试规程(17414) | 60.00 |
| 96 | | 施工 | JTG/T 3610—2019 | 公路路基施工技术规范(15769) | 80.00 |
| 97 | | | JTG/T F20—2015 | 公路路面基层施工技术细则(12367) | 45.00 |
| 98 | | | JTG/T F30—2014 | 公路水泥混凝土路面施工技术细则(11244) | 60.00 |
| 99 | | | JTG F40—2004 | 公路沥青路面施工技术规范(05328) | 50.00 |
| 100 | | | JTG/T 3650—2020 | 公路桥涵施工技术规范(16434) | 125.00 |
| 101 | | | JTG/T 3650-02—2019 | 特大跨径公路桥梁施工测量规范(15634) | 80.00 |
| 102 | | | JTG/T 3651—2022 | 公路钢结构桥梁制造和安装施工规范(17884) | 80.00 |
| 103 | | | JTG/T 3652—2022 | 跨海钢箱梁桥大节段施工技术规程(18075) | 30.00 |
| 104 | | | JTG/T 3660—2020 | 公路隧道施工技术规范(16488) | 100.00 |
| 105 | | | JTG/T 3671—2021 | 公路交通安全设施施工技术规范(17000) | 50.00 |
| 106 | | | JTG/T F72—2011 | 公路隧道交通工程与附属设施施工技术规范(09509) | 35.00 |
| 107 | | 监理 | JTG G10—2016 | 公路工程施工监理规范(13275) | 40.00 |
| 108 | | 造价 | JTG 3810—2017 | 公路工程建设项目造价文件管理导则(14473) | 50.00 |
| 109 | | | JTG/T 3811—2020 | 公路工程施工定额测定与编制规程(16083) | 60.00 |
| 110 | | | JTG/T 3812—2020 | 公路工程建设项目造价数据标准(16836) | 100.00 |
| 111 | | | JTG 3820—2018 | 公路工程建设项目投资估算编制办法(14362) | 60.00 |
| 112 | | | JTG/T 3821—2018 | 公路工程估算指标(14363) | 120.00 |
| 113 | | | JTG 3830—2018 | 公路工程建设项目概算预算编制办法(14364) | 60.00 |
| 114 | | | JTG/T 3831—2018 | 公路工程概算定额(14365) | 270.00 |
| 115 | | | JTG/T 3832—2018 | 公路工程预算定额(14366) | 300.00 |
| 116 | | | JTG/T 3833—2018 | 公路工程机械台班费用定额(14367) | 50.00 |
| 117 | 养护 | 综合 | JTG H10—2009 | 公路养护技术规范(08071) | 60.00 |
| 118 | | | JTG 5120—2021 | 公路桥涵养护规范(17160) | 60.00 |
| 119 | | | JTG/T 5122—2021 | 公路缆索结构体系桥梁养护技术规范(17764) | 60.00 |
| 120 | | | JTG H12—2015 | 公路隧道养护技术规范(12062) | 60.00 |
| 121 | | | JTJ 073.1—2001 | 公路水泥混凝土路面养护技术规范(13658) | 20.00 |
| 122 | | | JTG 5142—2019 | 公路沥青路面养护技术规范(15612) | 60.00 |
| 123 | | | JTG/T 5142-01—2021 | 公路沥青路面预防养护技术规范(17578) | 50.00 |
| 124 | | | JTG 5150—2020 | 公路路基养护技术规范(16596) | 40.00 |
| 125 | | | JTG/T 5190—2019 | 农村公路养护技术规范(15430) | 30.00 |
| 126 | | 检测评价 | JTG 5210—2018 | 公路技术状况评定标准(15202) | 40.00 |
| 127 | | | JTG/T E61—2014 | 公路路面技术状况自动化检测规程(11830) | 25.00 |
| 128 | | | JTG/T H21—2011 | 公路桥梁技术状况评定标准(09324) | 46.00 |
| 129 | | | JTG/T J21—2011 | 公路桥梁承载能力检测评定规程(09480) | 20.00 |
| 130 | | | JTG/T J21-01—2015 | 公路桥梁荷载试验规程(12751) | 40.00 |
| 131 | | | JTG 5220—2020 | 公路养护工程质量检验评定标准 第一册 土建工程(16795) | 80.00 |
| 132 | | 养护设计 | JTG 5421—2018 | 公路沥青路面养护设计规范(15201) | 40.00 |
| 133 | | | JTG/T J22—2008 | 公路桥梁加固设计规范(07380) | 52.00 |
| 134 | | | JTG/T 5440—2018 | 公路隧道加固技术规范(15402) | 70.00 |
| 135 | | 养护施工 | JTG/T F31—2014 | 公路水泥混凝土路面再生利用技术细则(11360) | 30.00 |
| 136 | | | JTG/T 5521—2019 | 公路沥青路面再生技术规范(15839) | 60.00 |
| 137 | | | JTG/T J23—2008 | 公路桥梁加固施工技术规范(07378) | 40.00 |
| 138 | | | JTG H30—2015 | 公路养护安全作业规程(12234) | 90.00 |
| 139 | | 造价 | JTG 5610—2020 | 公路养护预算编制导则(16733) | 50.00 |
| 140 | | | JTG/T M72-01—2017 | 公路隧道养护工程预算定额(14189) | 60.00 |
| 141 | | | JTG/T 5612—2020 | 公路桥梁养护工程预算定额(16855) | 50.00 |
| 142 | | | JTG/T 5640—2020 | 农村公路养护预算编制办法(16302) | 70.00 |
| 143 | 运营 | 收费服务 | JTG/T 6303.1—2017 | 收费公路移动支付技术规范 第一册 停车移动支付(14380) | 20.00 |
| 144 | | | JTG B10-01—2014 | 公路电子不停车收费联网运营和服务规范(11566) | 30.00 |

注:JTG——公路工程行业标准;JTG/T——公路工程行业推荐性标准。销售电话:010-85285659;业务咨询电话:010-85285922/30。